2023国家统一法律职业资格考试·2

瑞达法考主观题系列

民　　法

主观题

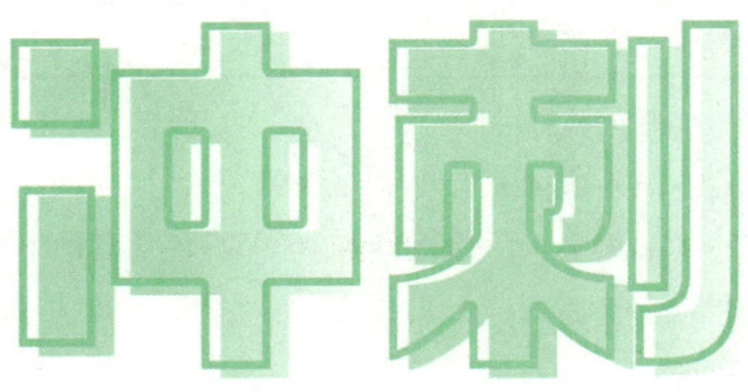

钟秀勇 编著

中国民主法制出版社

图书在版编目（CIP）数据

2023 国家统一法律职业资格考试. 民法主观题冲刺. 2 / 钟秀勇编著
. —北京：中国民主法制出版社，2023. 8
（瑞达法考主观题系列）
ISBN 978-7-5162-3278-1

Ⅰ. ①2… Ⅱ. ①钟… Ⅲ. ①民法－中国－资格考试－自学参考资料
Ⅳ. ①D920. 4

中国国家版本馆 CIP 数据核字（2023）第 117627 号

图书出品人：刘海涛
责 任 编 辑：陈 曦 张雅淇 李 郎 魏敬仁

书　　名/2023 国家统一法律职业资格考试·民法主观题冲刺 2
作　　者/钟秀勇 编著

出版·发行/中国民主法制出版社
地址/北京市丰台区右安门外玉林里 7 号（100069）
电话/（010）63055259（总编室） 63058068 63057714（营销中心）
传真/（010）63055259
http：//www. npcpub. com
E-mail：mzfz@npcpub. com
经销/新华书店
开本/16 开 710 毫米×1000 毫米
印张/9. 5 **字数**/165 千字
版本/2023 年 9 月第 1 版 2023 年 9 月第 1 次印刷
印刷/三河市鑫鑫科达彩色印刷包装有限公司

书号/ISBN 978-7-5162-3278-1
定价/76. 00 元

目　录

第一部分　模拟题

第一题

案情：

【1】2020年3月1日，赵某、钱某、孙某与李某四人订立设立A公司的协议。为设立后的A公司筹措住所，赵某以其个人名义与B公司订立《1808号房屋租赁合同》约定："赵某自2020年4月1日起租赁B公司的房号为1808的房屋，租期2年，月租金15万元。"经核准登记（登记赵某、钱某、孙某与李某各占A公司25%的股份，每一股份所持表决权相同），市场主管部门于2020年11月1日为A公司签发了营业执照，营业执照记载的A公司经营范围为职业教育培训课程服务与相关图书的印制、发行。2020年11月3日召开的A公司首次股东会与董事会选举赵某担任A公司的法定代表人。因《1808号房屋租赁合同》部分租金到期未付，B公司于2020年12月30日请求A公司支付，A公司以租赁合同系赵某个人签订为由拒绝。

【2】估计春节期间茅台酒畅销，赵某决定为A公司购入一批茅台酒转售牟利。2020年11月5日，赵某代表A公司与C公司订立买卖合同约定C公司向A公司出售200箱53度"飞天"茅台白酒，交货日期为2021年1月10日。因货源紧俏，A公司于2021年1月10日请求C公司按约交付200箱茅台酒时，C公司以该买卖合同超越A公司的经营范围、买卖合同无效为由，拒绝交付。

【3】赵某个人向D公司借款500万元须担保，赵某欲让A公司提供保证担保，考虑到钱某、孙某与李某不会同意，赵某于是伪造了一份钱某、孙某与李某签名表决同意为赵某的借款提供保证担保的A公司股东会决议后，赵某代表A公司与D公司订立保证合同约定："赵某对D公司负担的于2021年10月到期的500万元借款债务，由A公司承担连带责任保证。"D公司订立保证合同时不知道A公司未就此事召开股东会，经仔细审查赵某提供的股东会决议后认定符合法律规定，却未能发觉系赵某伪造。

【4】孙某个人向E银行借款600万元须担保，孙某提出由A公司为该笔借款提供保证担保，赵某、钱某与李某均表示同意，并出具了三人签名同意A公司提供保证担保的书面意见，因此，A公司未就此召开股东会，赵某代表A公司与E银行订立保证合同约定："孙某对E银行负担的于2021年11月到期的600万元债务，由A公司提供连带责任保证。"E银行订立保证合同时知道A公司未就此事召开股东会，但查看了赵某、钱某与李某签名同意A公司提供担保的书面意见。

【5】赵某伪造股东会决议的事实被发现后，2021年9月，A公司召开董事会罢免了赵某的法定代表人资格，选举钱某担任A公司的法定代表人。A公司将相关情况通知了各交易合作方（包括B公司）。因赵某到期未偿还对D公司的500万元借款债务，D公司于2021年10月请求A公司承担保证责任，A公司以保证合同系赵某伪造股东会决议所签订、保证合同对A公司不发生效力为由拒绝。同时，因孙某到期未偿还对E银行的600万元借款债务，E银行于2021年11月请求A公司承担保证责任，A公司以订立保证合同未召开A公司股东会表决同意、保证合同对A公司不发生效力为由拒绝。

【6】赵某被罢免A公司法定代表人资格后，一直拒绝交出持有的A公司公章，A公司因此未能办理法定代表人的工商变更登记，相当长一段时间里，工商部门登记的A公司法定代表人一直为赵某。为了便于签订合同，钱某私刻了一枚A公司的公章。2022年1月1日，钱某代表A公司与F公司订立买卖合同约定："A公司以1000万元购买F公司的房号为1909的房屋，2022年2月1日前双方履行完毕。"钱某在该合同上签名并加盖了私刻的A公司的公章。后，因房屋市场价格开始下跌，F公司于2022年2月1日请求A公司按约支付购买1909号房屋的价款时，A公司以钱某在合同上加盖的系私刻的假公章、A公司不负担1909号房屋买卖合同义务为由拒绝。

【7】2022年3月1日，赵某仍以A公司法定代表人的身份代表A公司与B公司订立《1808号房屋租赁合同（二）》约定："B公司将其1808号房屋出租给A公司，租期五年，自2022年4月2日至2027年4月1日，月租金18万元。"赵某在租赁合同上签名且加盖了赵某持有的A公司的真实公章；该租赁合同订立之时，工商登记的A公司法定代表人仍为赵某。A公司知情后，以赵某签订该租赁合同时不享有代表权且B公司订立租赁合同时知情为由，于2022年3月10日通知B公司拒绝履行《1808号房屋租赁合同（二）》。

【8】因A公司可能出现资金链断裂，2022年6月，成立了G公司，成立G公司的目的系为A公司筹集经营资金。A公司持有G公司80%的股份，赵某、钱某、孙某和李某各持有G公司5%的股份，A公司的财务负责人兼任G公司的财务负责人，孙某担任G公司的法定代表人。2022年7月1日，G公司与周某订立借款合同约定："周某借给G公司2000万元，借期六个月。"G公司获得借款后，全部无偿交给A公司用于A公司的经营活动（虽有银行转账凭证但未作财务记载），A公司因此起死回生。因G公司到期未偿还对周某的2000万元借款债务，周某起诉并获得胜诉生效判决后，G公司无力清偿。2023年2月1日，周某以A公司滥用股东有限责任和G公司独立责任为由，仅以A公司为被告再次起诉，诉请法院判决否认G公司的法人人格，判决A公司就G公司对周某的借款债务承担连带清偿责任。

【9】2022年5月，李某投资500万元经营专车客运服务。考虑到该类经营潜在的巨大风险，李某将全部500万元投资分成10份，分别设立了10个有限责任公司（甲、乙、丙、丁、戊、己、庚、辛、壬、癸），李某在10个有限责任公司中均占有90%的股份。在经营过程中，李某实际向每个公司投入50万元，每个公司购买两辆出租车（包括购买牌照）运营，虽为每辆车投保了"交强险"，但均未投保"第三者责任商业险"。2022年8月1日，甲公司的一辆出租车违章驾驶发生道路交通事故致行人吴某死亡（交警认定该出租车负全责），甲公司依法须对吴某死亡后果承担数额为270万元的侵权损害赔偿责任（交强险的保险金已经赔偿了18万元），但此时，甲公司的财产仅为59万元。因此，吴某的继承人以李某和甲公司为共同被告起诉，诉请李某对甲公司的剩余252万元侵权损害赔偿责任承担连带责任。

问题：

1. 2020年12月30日，B公司请求A公司支付《1808号房屋租赁合同》项下的到期未付租金，A公司以租赁合同系赵某个人签订为由拒绝，A公司的这一理由是否成立？为什么？

【考点】为设立法人所负债务的承担

【解析】①《民法典》第75条第1款规定："设立人为设立法人从事的民事活动，其法律后果由法人承受；法人未成立的，其法律后果由设立人承受，设立人为二人以上的，享有连带债权，承担连带债务。"《民法典》第75条第2款规定："设立人为设立法人以自己的名义从事民事活动产生的民事责任，第三人有权选择请求法人或者设立人承担。"

②为设立A公司，设立人赵某以自己的名义对B公司负担的到期租金支付义务，在A公司依法设立后，B公司有权选择请求A公司履行，也有权选择请求赵某履行。若B公司选择请求赵某履行，赵某履行后，赵某有权向A公司追偿。

【答案】A公司主张的这一理由不成立。因为，为设立A公司，设立人赵某以自己的名义对B公司负担的到期租金支付义务，在A公司依法设立后，根据《民法典》第75条的规定，债权人B公司有权选择请求A公司履行，也有权选择请求赵某履行。

2. 2021年1月10日，C公司主张与A公司订立的茅台酒买卖合同超越A公司的经营范围，买卖合同无效。该主张能否成立？为什么？

【考点】超越经营范围订立合同的效力

【解析】①《民法典》第505条规定："当事人超越经营范围订立的合同的效力，应当依照本法第一编第六章第三节和本编的有关规定确定，不得仅以超越经营范围确认合同无效。"

②A公司与C公司的茅台酒买卖合同超越A公司的经营范围，根据《民法典》第505条的规定，该买卖合同并不能仅仅因为超越A公司的经营范围而无效。

③A公司与C公司的茅台酒买卖合同虽然超越了A公司的经营范围，但并不违反法律、行政法规的效力性强制性规范，不具有《民法典》第153条第1款规定的无效事由；亦不具有损害公共秩序或者违背善良风俗的情形，不具有《民法典》第153条第2款规定的无效事由；同时，也不具有其他法定的无效事由。因此，A公司与C公司的茅台酒买卖合同已经成立并有效。

【答案】C公司的该主张不成立。理由在于：该买卖合同虽然超越A公司的经营范围，但根据《民法典》第505条的规定，该买卖合同并不能仅仅因为超越A公司经营范围而无效。该买卖合同虽然超越A公司的经营范围，并不违反法律、行政法规的效力性强制性规范，亦不违背公序良俗，也无其他法律规定的无效事由，根据现行法的规定，该买卖合同已经成立并有效，C公司应当按约交付出售的货物。

3. 2021年10月，因赵某到期未偿还对D公司的500万元借款债务，D公司是否有权请求A公司承担保证责任？为什么？

【考点】公司提供关联担保；越权代表

【解析】①《公司法》第16条第2款规定："公司为公司股东或者实

际控制人提供担保的，必须经股东会或者股东大会决议。”《公司法》第16条第3款规定：“前款规定的股东或者受前款规定的实际控制人支配的股东，不得参加前款规定事项的表决。该项表决由出席会议的其他股东所持表决权的过半数通过。”据此，在为A公司股东赵某对D公司负担的借款债务提供“关联担保”之前，未依照《公司法》第16条第2款与第3款的规定召开股东会、形成同意A公司提供保证担保的有效股东会决议，A公司的法定代表人赵某不享有代表A公司为股东赵某所负借款债务提供保证担保的代表权限，赵某代表A公司与D公司订立的保证合同，属于超越代表权限的越权代表行为。

②《民法典》第504条规定：“法人的法定代表人或者非法人组织的负责人超越权限订立的合同，除相对人知道或者应当知道其超越权限外，该代表行为有效，订立的合同对法人或者非法人组织发生效力。”据此，赵某超越代表权限代表A公司与D公司订立的保证合同，若相对人D公司于保证合同成立时为恶意，未经A公司追认，该保证合同不能归属于A公司承受，不对A公司发生效力，A公司不承担保证责任；若相对人D公司于保证合同成立时为善意，成立表见代表，无须A公司追认，该保证合同直接归属于A公司承受，对A公司发生效力，被担保的债务人赵某到期未还款时，A公司应当承担保证责任。

③《民法典担保制度解释》[1]第7条第1款规定：“公司的法定代表人违反公司法关于公司对外担保决议程序的规定，超越权限代表公司与相对人订立担保合同，人民法院应当依照民法典第六十一条和第五百零四条等规定处理：（一）相对人善意的，担保合同对公司发生效力；相对人请求公司承担担保责任的，人民法院应予支持。（二）相对人非善意的，担保合同对公司不发生效力；相对人请求公司承担赔偿责任的，参照适用本解释第十七条的有关规定。”《民法典担保制度解释》第7条第3款规定：“第一款所称善意，是指相对人在订立担保合同时不知道且不应当知道法定代表人超越权限。相对人有证据证明已对公司决议进行了合理审查，人民法院应当认定其构成善意，但是公司有证据证明相对人知道或者应当知道决议系伪造、变造的除外。”据此，若保证合同的相对人D公司主张其于保证合同成立时为善意，在证明责任的分配上，应当由相对人D公司承担证明责任，由于D公司能够举证证明其在订立保证合同时履行了合理的

〔1〕《最高人民法院关于适用〈中华人民共和国民法典〉有关担保制度的解释》，以下简称《民法典担保制度解释》。

审查义务，不知道也不应当知道赵某属于越权代表，同时，赵某伪造股东会决议这一事实，须经鉴定机构鉴定才能认定，D公司未发现赵某伪造的事实，不影响D公司善意的认定。因此，应当认定D公司为善意相对人，成立表见代表。

【答案】D公司有权请求A公司承担保证责任。理由在于：A公司股东赵某对D公司的借款债务，未依照《公司法》第16条的规定形成同意A公司提供保证担保的有效股东会决议，赵某代表A公司与D公司订立保证合同提供关联担保，属于越权代表，但相对人D公司能够证明在订立保证合同时履行了合理的审查义务，不知道也不应当知道赵某超越代表权的事实，为善意的相对人，成立表见代表，根据《民法典》第504条与《民法典担保制度解释》第7条的规定，D公司有权主张，无须A公司追认，该保证合同直接归属于A公司承受，对A公司发生效力。赵某到期未还款时，D公司有权请求A公司承担保证责任。

4. 2021年11月，因孙某到期未偿还对E银行的600万元借款债务，E银行是否有权请求A公司承担保证责任？为什么？

【考点】公司提供关联担保无须机关决议的例外情形

【解析】①《民法典担保制度解释》第8条第1款规定："有下列情形之一，公司以其未依照公司法关于公司对外担保的规定作出决议为由主张不承担担保责任的，人民法院不予支持：（一）金融机构开立保函或者担保公司提供担保；（二）公司为其全资子公司开展经营活动提供担保；（三）担保合同系由单独或者共同持有公司三分之二以上对担保事项有表决权的股东签字同意。"《民法典担保制度解释》第8条第2款规定："上市公司对外提供担保，不适用前款第二项、第三项的规定。"

②A公司为其股东孙某对E银行的600万元借款债务提供保证担保，属于关联担保，根据《公司法》第16条第2款与第3款的规定，未经股东会形成同意担保的有效决议，赵某不享有代表A公司提供保证担保的代表权限。但是，根据《民法典担保制度解释》第8条的规定，赵某代表A公司为股东孙某对E银行的600万元借款债务提供保证担保，虽未召开股东会形成同意担保的有效股东会决议，但已经经由持有A公司2/3以上对担保事项有表决权的股东签字同意，赵某代表A公司与E银行订立保证合同，属于有权代表，根据《民法典》第61条第2款的规定，该保证合同直接归属于A公司承受，对A公司发生效力。

【答案】E银行有权请求A公司承担保证责任。理由在于：赵某代表A公司与E银行提供保证担保时，虽未依照《公司法》第16条的规定召开股东会、形成同意A公司提供保证担保的有效股东会决议，但已经经由持有A公司2/3以上对担保事项有表决权的股东签字同意，赵某代表A公司与E银行订立的保证合同，根据《民法典担保制度解释》第8条的规定，属于有权代表，该保证合同直接归属于A公司承受，对A公司发生效力。孙某到期未还款，E银行有权请求A公司承担保证责任。

5. 2022年2月1日，A公司以“钱某在合同上加盖的系私刻的假公章、A公司不负担1909号房屋买卖合同义务”为由拒绝支付购房款。A公司的这一抗辩理由是否成立？为什么？

【考点】“真人假章”合同的承受

【解析】①《民法典》第65条规定：“法人的实际情况与登记的事项不一致的，不得对抗善意相对人。”据此，法人法定代表人的工商变更登记，属于对抗要件，而非生效要件。虽未办理A公司法定代表人的工商变更登记，但自确定钱某担任A公司法定代表人的董事会决议生效时，钱某成为A公司法定代表人，享有代表A公司实施法律行为的代表权限。

②《民法典》第61条第2款规定：“法定代表人以法人名义从事的民事活动，其法律后果由法人承受。”据此，法定代表人在代表权限范围内、以法人名义所实施的民事法律行为，直接归属于被代表的法人承受。

③钱某在代表A公司与F公司订立1909号房屋买卖合同时，加盖了A公司的公章，参照《九民纪要》[1]第41条规定的精神，无论加盖的公章是否为真实的公章，亦无论加盖公章是否与备案的公章一致，只要加盖了A公司的公章，即表明钱某系以A公司的名义订立1909号房屋买卖合同，同时，钱某签订房屋买卖合同时系A公司法定代表人，享有订立该买卖合同的代表权限，根据《民法典》第61条第2款的规定，1909号房屋买卖合同直接归属于A公司承受，A公司应当按约支付购房款。

【答案】A公司的这一抗辩理由不成立。理由在于：钱某在代表A公司与F公司订立1909号房屋买卖合同时加盖的为钱某私刻的A公司的公章，参照《九民纪要》第41条规定的精神，表明钱某不是以其个人名义，而是以A公司名义订立1909号房屋买卖合同。同时，钱某订立合同时系A公司法定代表人，享有订立该合同的代表权限，根据《民法典》第61条第2款的规定，1909号房屋买卖合同应当直接归属于A公司承受，A公司应当按约支付购房款。

---

〔1〕《全国法院民商事审判工作会议纪要》，以下简称《九民纪要》。

6. 2022年3月10日，A公司通知B公司拒绝履行《1808号房屋租赁合同（二）》的理由是否成立？为什么？

【考点】“假人真章”合同的承受

【解析】①《民法典》第65条规定：“法人的实际情况与登记的事项不一致的，不得对抗善意相对人。”据此，法人法定代表人的工商变更登记，属于对抗要件，而非生效要件。自罢免赵某的A公司法定代表人资格的董事会决议生效时，赵某丧失A公司法定代表人的资格，不再享有代表A公司实施法律行为的代表权限。因此，赵某代表A公司与B公司订立《1808号房屋租赁合同（二）》属于无权代表。同时，根据《民法典》第504条的规定，若相对人B公司为善意，成立表见代表，无须A公司追认，《1808号房屋租赁合同（二）》归属于A公司承受，对A公司发生效力；若B公司为恶意，不成立表见代表，《1808号房屋租赁合同（二）》不能归属于A公司承受，不能对A公司发生效力。

②赵某代表A公司订立《1808号房屋租赁合同（二）》时，工商登记的A公司法定代表人为赵某（存在赵某享有代表权限的权利外观），根据《民法典》第65条的规定，应当推定相对人B公司于租赁合同订立时为善意；但是，A公司能够提供反证证明，B公司于租赁合同订立时为恶意（A公司已经将赵某不再享有A公司法定代表人资格的事实通知B公司），因此，应当认定B公司于租赁合同订立时为恶意。

③《1808号房屋租赁合同（二）》订立时，赵某在合同上加盖了赵某持有的A公司的真实公章，参照《九民纪要》第41条规定的精神，加盖了A公司真实的公章，仅仅表明赵某不是以个人名义订立该租赁合同，而是以A公司名义订立该租赁合同，但是，赵某无权代表的事实并不因为加盖了A公司真实的公章而得以补正，赵某的代表行为仍属无权代表。

④综上，赵某代表A公司与B公司订立的《1808号房屋租赁合同（二）》，属于无权代表，A公司能够证明相对人B公司于合同订立时为恶意，该租赁合同不能归属于A公司承受，A公司有权拒绝履行。

【答案】A公司主张的理由成立。理由有三点：第一，根据《民法典》第65条的规定，赵某代表A公司订立《1808号房屋租赁合同（二）》时不是A公司法定代表人，赵某的代表行为属于无权代表。第二，参照《九民纪要》第41条规定的精神，赵某在合同书上加盖A公司真实公章的效力仅在于表明赵某并非以其个人名义而是以A公司名义订立该合同，但是，加盖真实公章不具有补正赵某代表权欠缺的效力。第三，虽然合同订立时工商登记的A公司法定代表人为赵某，存在赵某享有代表权限的权利外观，根据《民法典》第 65 条的规定应当推定 B 公司为善意相对人，但是，A 公司能够提供反证证明 B 公司于合同订立时知道赵某欠缺代表权，因此，应当认定 B 公司为恶意相对人，根据《民法典》第 504 条的规定，《1808 号房屋租赁合同（二）》不能归属于 A 公司承受，A 公司有权拒绝履行。

7. 2023 年 2 月 1 日，周某仅以 A 公司为被告起诉，诉请法院判决否认 G 公司的法人人格，判决 A 公司就 G 公司对周某的 2000 万元借款债务承担连带责任，法院应如何安排诉讼当事人？为什么？

【考点】法人人格否认

【解析】①《九民纪要》第 13 条规定："人民法院在审理公司人格否认纠纷案件时，应当根据不同情形确定当事人的诉讼地位：(1) 债权人对债务人公司享有的债权已经由生效裁判确认，其另行提起公司人格否认诉讼，请求股东对公司债务承担连带责任的，列股东为被告，公司为第三人；(2) 债权人对债务人公司享有的债权提起诉讼的同时，一并提起公司人格否认诉讼，请求股东对公司债务承担连带责任的，列公司和股东为共同被告；(3) 债权人对债务人公司享有的债权尚未经生效裁判确认，直接提起公司人格否认诉讼，请求公司股东对公司债务承担连带责任的，人民法院应当向债权人释明，告知其追加公司为共同被告。债权人拒绝追加的，人民法院应当裁定驳回起诉。"

②债务人 G 公司对债权人周某的 2000 万元借款债务已经由周某胜诉的生效判决确认，债权人周某另行以股东 A 公司为被告起诉，诉请法院判决否认债务人 G 公司的法人人格，诉请法院判决 A 公司就 G 公司对周某的 2000 万元借款债务承担连带责任，参照《九民纪要》第 13 条规定的精神，人民法院应当列 G 公司的控股股东 A 公司为被告，列债务人 G 公司为无独立请求权的第三人。

【答案】人民法院应当列 A 公司为被告，G 公司为无独立请求权的第三人。理由在于：债务人 G 公司对债权人周某的 2000 万元借款债务已经由周某胜诉的生效判决确认，债权人周某另行提起否认 G 公司法人人格的诉讼，仅以债务人 G 公司的控股股东 A 公司为被告起诉，请求 A 公司就 G 公司对周某的 2000 万元借款债务承担连带责任，参照《九民纪要》第 13 条规定的精神，人民法院应当列股东 A 公司为被告，债务人 G 公司为无独立请求权的第三人。

8. 2023 年 2 月 1 日，周某诉请法院判决否认 G 公司的法人人格，判决A公司就G公司对周某的2000万元借款债务承担连带责任，法院是否可以判决支持周某的这一诉讼请求？为什么？

【考点】法人人格否认

【解析】①《民法典》第60条规定："法人以其全部财产独立承担民事责任。"据此，G公司系依法设立的营利法人，原则上，G公司对周某负担的2000万元借款债务，应当由G公司独立承担无限清偿责任，A公司作为G公司的股东，不承担清偿责任。

②《民法典》第83条第2款规定："营利法人的出资人不得滥用法人独立地位和出资人有限责任损害法人债权人的利益；滥用法人独立地位和出资人有限责任，逃避债务，严重损害法人债权人的利益的，应当对法人债务承担连带责任。"考虑到设立G公司的目的就是为A公司筹集经营资金，G公司与A公司存在管理人员交叉任职等人员混同的情形；G公司筹集的资金全部无偿转让给A公司使用，且不作财务记载，G公司与A公司存在财产混同的情形；A公司利用自己的支配地位，对G公司实施过度支配与控制，迫使G公司向A公司进行无偿利益输送，G公司与A公司存在人格混同的情形。并且，因此导致G公司资不抵债，剩余财产不足以清偿对债权人周某负担的2000万元借款债务，应当认定，A公司作为G公司的控制股东，实施了滥用股东有限责任与法人独立责任的行为，使债务人G公司与控制股东A公司人员混同、财产混同与人格混同，严重损害G公司债权人周某的利益，根据《民法典》第83条第2款的规定，可以在G公司对债权人周某的借款债务纠纷中否认G公司的法人人格，判令实施滥用行为的控制股东A公司对借款债务承担连带清偿责任。

【答案】法院可以判决支持这一诉讼请求。理由在于：作为依法设立的营利法人，原则上，G公司对周某负担的2000万元借款债务，应当由G公司独立承担清偿责任。但是，A公司利用其控制股东地位，对G公司实施过度控制，使G公司与A公司之间存在人员混同、财产混同、人格混同，并因此致使G公司资不抵债、无力清偿对周某的2000万元到期借款债务，严重损害债权人周某的利益，根据《民法典》第83条第2款的规定，应当认定A公司滥用了G公司的独立责任以及股东的有限责任，严重损害G公司债权人利益，可以否认G公司的法人人格，判令A公司就G公司对周某的借款债务承担连带清偿责任。

9. 就甲公司应当对吴某死亡后果承担的剩余252万元侵权损害赔偿责任，法院能否判决李某承担连带责任？为什么？

【考点】法人人格否认

【解析】①《民法典》第 83 条第 2 款规定："营利法人的出资人不得滥用法人独立地位和出资人有限责任损害法人债权人的利益；滥用法人独立地位和出资人有限责任，逃避债务，严重损害法人债权人的利益的，应当对法人债务承担连带责任。"

②《九民纪要》第 12 条规定："资本显著不足指的是，公司设立后在经营过程中，股东实际投入公司的资本数额与公司经营所隐含的风险相比明显不匹配。股东利用较少资本从事力所不及的经营，表明其没有从事公司经营的诚意，实质是恶意利用公司独立人格和股东有限责任把投资风险转嫁给债权人。由于资本显著不足的判断标准有很大的模糊性，特别是要与公司采取'以小博大'的正常经营方式相区分，因此在适用时要十分谨慎，应当与其他因素结合起来综合判断。"

③经营专车客运服务，具有较大的投资风险，一旦运营的小汽车发生道路交通事故致人重伤或者死亡，侵权损害赔偿责任一般在 200 万元左右。李某将全部投资分散设立 10 个有限责任公司，每个有限责任公司仅投入 50 万元运营，投入运营的资本数额与公司经营所隐含的风险明显不匹配（明显不相称），致使甲公司经营的资产（59 万元）不足以承担应当对死者吴某继承人数额为 252 万元的侵权损害赔偿责任，参照《九民纪要》第 12 条规定的精神，同时根据《民法典》第 83 条第 2 款的规定，应当认定甲公司的控制股东李某滥用了甲公司的独立责任和甲公司股东的有限责任，严重损害甲公司债权人的利益，在吴某继承人对甲公司的侵权之诉中，可以否认甲公司的法人人格，判令实施滥用行为的李某承担连带责任。

【答案】**法院可以判决李某对甲公司的侵权责任承担连带责任。理由在于：李某将资本分散投资，每个经营专车客运服务的有限责任公司仅投入全部资本的 1/10（50 万元），投入运营的资本数额与公司经营所隐含的风险明显不匹配，致使甲公司经营的资产（59 万元）不足以承担应当对死者吴某的继承人数额为 252 万元的侵权损害赔偿责任，参照《九民纪要》第 12 条规定的精神，同时根据《民法典》第 83 条第 2 款的规定，应当认定甲公司的控制股东李某滥用了甲公司的独立责任和甲公司股东的有限责任，严重损害甲公司债权人的利益，在吴某继承人对甲公司的侵权之诉中，可以否认甲公司的法人人格，判令实施滥用行为的李某承担连带责任。**

第二题

案情：

【1】甲公司投资建造商铺，除自己保留一部分外，甲公司还将150间商铺分别出卖给了150名业主，约定由甲公司规划组建商场共同经营。其中，编号为“2B050”的商铺出卖给了赵某，按约交付了商铺，但一直未按约为赵某办理过户登记。甲公司组建的“购物中心”开业一年后因经营惨淡停业，甲公司重新组建的“时代广场”开业6个月后再次因经营惨淡停业，部分业主因此集体上访，要求退房。甲公司决定对“时代广场”重新规划布局后独自经营，为此陆续与149名业主协议解除了商铺买卖合同，并开始在“时代广场”内施工。因甲公司不同意赵某提出的高额赔偿请求，赵某不同意协议解除商铺买卖合同并坚持请求甲公司按约办理商铺的过户登记并将商铺提供给赵某独立经营，因此，导致甲公司不能继续施工，6万平方米的商铺闲置。甲公司遂表示收回编号为“2B050”的商铺，不再提供给赵某经营，赵某则坚决表示反对。僵持数日后，2021年6月1日，甲公司诉请法院判决解除甲公司与赵某间编号为“2B050”的商铺买卖合同。诉讼中，赵某反诉请求法院判决甲公司承担违约损害赔偿责任。

【2】2020年2月1日，甲公司、乙公司、丙中学（公立）、钱某订立《四方协议》约定：“①甲公司向乙公司借款450万元，借期一年，2021年2月1日借期届满，利息50万元。②丙中学以其10辆‘Benz’牌校车抵押担保甲公司对乙公司借款债务的履行。③若丙中学因提供抵押担保对乙公司承担责任，丙中学有权请求钱某承担反担保责任，反担保方式为连带责任保证。”《四方协议》订立后，乙公司按约向甲公司提供了借款，丙中学为乙公司办理了抵押登记。借款于2021年2月1日到期后，甲公司无力偿还对乙公司的500万元借款及利息。

【3】2020年3月1日，甲公司与丁银行订立《借款担保合同》约定：“甲公司向丁银行借款500万元，借期一年，2021年3月1日借期届满，利息45万元。甲以其现有以及将有的动产为丁银行设立动产浮动抵押担保。”《借款担保合同》订立后，丁银行按约向甲公司提供了借款，甲公司为丁银行办理了动产浮动抵押登记。2020年9月1日，为了给甲公司重新开业的“时代广场”商场一楼电动汽车柜台筹集货源（甲公司营业执照明确记载的经营范围包括小汽车销售），甲公司与戊车行订立《买卖合同》约定：“甲公司向戊车行购买10辆‘Faraday Future’牌电动汽车，总价款

300万元，甲公司分6期支付价款，最后一期价款的支付日为2021年3月1日。全部价款付清前，戊车行保留所出卖汽车的所有权。”《买卖合同》订立后，戊车行按约交付了10辆汽车，甲公司在汽车交付的当日为戊车行办理了约定保留所有权的登记。

【4】截止到2021年3月1日，甲公司无力偿还对丁银行的借款，甲公司因购买10辆“Faraday Future”电动汽车对戊车行负担的价款支付义务，仅支付了3期，剩余3期到期后经催告一直未付，甲公司自戊车行购买的10辆“Faraday Future”电动汽车，其中5辆分别以市价出卖给孙某、李某、周某、吴某和郑某并交付，甲公司还库存5辆。丁银行于2021年3月5日主张对甲公司库存的5辆“Faraday Future”电动汽车行使动产浮动抵押权，戊车行亦于2021年3月5日主张对甲公司库存的5辆“Faraday Future”电动汽车行使取回权。2021年3月6日，戊车行又申请法院扣押孙某、李某、周某、吴某和郑某购买的5辆“Faraday Future”电动汽车，由戊车行行使取回权。

【5】2021年4月1日，赵某通过“点点出行”约车App下单约车后，乘坐郑某驾驶的“Faraday Future”电动汽车过程中，因郑某不当驾驶发生交通事故，赵某因此受重伤，郑某仅遭受轻微伤，就保险金不能弥补的损失，依照现行法的规定，侵权责任人应当对赵某承担60万元的赔偿责任。经查明：肇事的“Faraday Future”电动汽车归驾驶人郑某所有，主要用于在“点点出行”的约车运营获取主要收入来源；郑某的全部约车业务均由“点点出行”派单，郑某不能抢单；每一单所生的运费，“点点出行”按约取得20%，剩余80%归郑某所有。

问题：

1. 2021年6月1日，甲公司诉请判决解除甲公司与赵某间编号为“2B050”的商铺买卖合同的诉讼请求，法院可否判决支持？为什么？

【考点】合同僵局的司法解除

【解析】①《民法典》第580条第1款规定：“当事人一方不履行非金钱债务或者履行非金钱债务不符合约定的，对方可以请求履行，但是有下列情形之一的除外：（一）法律上或者事实上不能履行；（二）债务的标的不适于强制履行或者履行费用过高；（三）债权人在合理期限内未请求履行。”《民法典》第580条第2款规定：“有前款规定的除外情形之一，致使不能实现合同目的的，人民法院或者仲裁机构可以根据当事人的请求终止合同权利义务关系，但是不影响违约责任的承担。”

②根据《民法典》第580条第2款的规定，合同成立生效后，因清偿

消灭前，合同陷入合同僵局（成为僵局合同），其要件有二：第一，合同债务人负担的非金钱合同债务存在《民法典》第580条第1款规定的合同债权人不得请求合同债务人承担实际履行违约责任的三种情形之一；第二，因此致使合同当事人不能实现合同目的。

③甲公司与赵某间编号为“2B050”的商铺买卖合同，若甲公司继续提供给赵某独立经营，将导致甲公司不能按照计划施工，6万平方米的商铺因此闲置的后果，甲公司向赵某履行商铺买卖合同出卖人的义务所支出的费用将远远超出履行后赵某所能获得的履行利益，甲公司履行合同义务的“履行费用过高”，根据《民法典》第580条第1款第2项的规定，赵某不得请求甲公司承担实际履行的违约责任；同时，甲公司表示收回商铺不再提供给赵某经营，甲公司的根本违约行为将导致赵某订立商铺买卖合同的目的不能实现，根据《民法典》第580条第2款的规定，已经成立合同僵局，违约方甲公司因此享有司法解除权，甲公司行使司法解除权，诉请法院判决解除与赵某的商铺买卖合同的，法院可以合同僵局为由，判决解除甲公司与赵某间编号为“2B050”的商铺买卖合同。

【答案】法院可以判决支持甲公司的诉讼请求。理由在于：甲公司若对赵某履行商铺买卖合同，将导致甲公司不能按照计划施工，6万平方米的商铺因此闲置的后果，甲公司对赵某履行商铺买卖合同出卖人义务所需要承担的代价远超赵某所能获得的履行利益，甲公司履行费用过高，根据《民法典》第580条第1款的规定，赵某不得请求甲公司承担实际履行的违约责任；同时，甲公司表示收回商铺不再提供给赵某经营，甲公司的根本违约行为将导致赵某订立商铺买卖合同的目的不能实现，根据《民法典》第580条第2款的规定，已经成立合同僵局，违约方甲公司因此享有司法解除权，甲公司行使司法解除权，诉请法院判决解除与赵某的商铺买卖合同的，法院可以合同僵局为由，判决解除甲公司与赵某间的商铺买卖合同。

2. 赵某反诉甲公司承担违约损害赔偿责任的诉讼请求，法院应否判决支持？为什么？

【考点】合同僵局的司法解除

【解析】①《民法典》第580条第2款规定：“有前款规定的除外情形之一，致使不能实现合同目的的，人民法院或者仲裁机构可以根据当事人的请求终止合同权利义务关系，但是不影响违约责任的承担。”

②如前所述，甲公司与赵某间的商铺买卖合同已经陷入合同僵局，违约方甲公司与守约方赵某均因此享有司法解除权，甲公司以合同僵局为由

诉请法院判决解除商铺买卖合同的，法院可以合同僵局为由判决解除。同时，甲公司收回商铺不再提供给赵某经营的行为属于违约行为，因此给赵某造成损失的，甲公司应当承担违约损害赔偿责任，根据《民法典》第580条第2款的规定，甲公司与赵某间的商铺买卖合同因合同僵局被解除的，甲公司应当对赵某承担的违约损害赔偿责任不受影响。

【答案】法院应当判决支持。理由在于：甲公司与赵某间的商铺买卖合同已经陷入合同僵局，甲公司以合同僵局为由诉请法院判决解除商铺买卖合同的，法院可以合同僵局为由判决解除。同时，甲公司收回商铺不再提供给赵某经营的行为属于违约行为，因此给赵某造成损失的，甲公司应当承担违约损害赔偿责任，根据《民法典》第580条第2款的规定，甲公司与赵某间的商铺买卖合同因合同僵局被解除的，甲公司应当对赵某承担的违约损害赔偿责任不受影响。

3. 2021年2月1日，借款到期后，甲公司无力偿还对乙公司的500万元借款及利息，乙公司是否有权对丙中学抵押的10辆校车行使抵押权？为什么？

【考点】担保资格

【解析】①《民法典》第399条规定："下列财产不得抵押：（一）土地所有权；（二）宅基地、自留地、自留山等集体所有土地的使用权，但是法律规定可以抵押的除外；（三）学校、幼儿园、医疗机构等为公益目的成立的非营利法人的教育设施、医疗卫生设施和其他公益设施；（四）所有权、使用权不明或者有争议的财产；（五）依法被查封、扣押、监管的财产；（六）法律、行政法规规定不得抵押的其他财产。"

②《民法典担保制度解释》第6条第1款规定："以公益为目的的非营利性学校、幼儿园、医疗机构、养老机构等提供担保的，人民法院应当认定担保合同无效，但是有下列情形之一的除外：（一）在购入或者以融资租赁方式承租教育设施、医疗卫生设施、养老服务设施和其他公益设施时，出卖人、出租人为担保价款或者租金实现而在该公益设施上保留所有权；（二）以教育设施、医疗卫生设施、养老服务设施和其他公益设施以外的不动产、动产或者财产权利设立担保物权。"《民法典担保制度解释》第6条第2款规定："登记为营利法人的学校、幼儿园、医疗机构、养老机构等提供担保，当事人以其不具有担保资格为由主张担保合同无效的，人民法院不予支持。"

③公立的丙中学，属于以公益为目的的非营利性学校，原则上，丙中学不具有担保资格，丙中学作为担保人所订立的担保合同无效，仅限于下

列两种例外情形，丙中学才拥有担保资格，丙中学作为担保人所订立的担保合同才可以有效：第一，丙中学购置教育设施时，在该教育设施上为出卖人或者融资租赁合同出租人约定保留所有权；第二，丙中学以其管理的公益设施以外的其他财产设立担保物权。

④甲公司对乙公司的500万元借款债务，丙中学以其教育设施10辆校车作为标的物为乙公司设立抵押权，丙中学无担保资格，丙中学与乙公司的抵押合同无效，乙公司对10辆校车的抵押权未设立。

【答案】**乙公司无权对丙中学抵押的10辆校车行使抵押权。理由在于：丙中学系公立学校，属于以公益为目的的非营利性学校，丙中学以其管理的教育设施10辆校车作为标的物为乙公司提供抵押担保时，丙中学无担保资格，丙中学与乙公司的抵押合同无效，乙公司对10辆校车的抵押权未设立，乙公司对10辆校车不享有抵押权。**

4. 2021年2月1日，借款到期后，甲公司无力偿还对乙公司的500万元借款及利息，乙公司是否有权请求丙中学承担损害赔偿责任？为什么？

【考点】担保合同无效时担保人的责任

【解析】①《民法典担保制度解释》第17条第1款规定："主合同有效而第三人提供的担保合同无效，人民法院应当区分不同情形确定担保人的赔偿责任：（一）债权人与担保人均有过错的，担保人承担的赔偿责任不应超过债务人不能清偿部分的二分之一；（二）担保人有过错而债权人无过错的，担保人对债务人不能清偿的部分承担赔偿责任；（三）债权人有过错而担保人无过错的，担保人不承担赔偿责任。"《民法典担保制度解释》第17条第2款规定："主合同无效导致第三人提供的担保合同无效，担保人无过错的，不承担赔偿责任；担保人有过错的，其承担的赔偿责任不应超过债务人不能清偿部分的三分之一。"

②甲公司与乙公司间的借款合同有效；丙中学与乙公司间的抵押合同无效。丙中学与乙公司均明知丙中学以校车提供抵押担保时丙中学无担保资格，丙中学与乙公司对抵押合同的无效均具有过错，根据《民法典担保制度解释》第17条第1款的规定，丙中学应当对乙公司承担缔约过失损害赔偿责任，但不应当超过甲公司不能对乙公司清偿部分的1/2。

【答案】**乙公司有权请求丙中学承担缔约过失损害赔偿责任。理由在于：甲公司与乙公司间的借款合同有效，丙中学与乙公司间的抵押合同无效，对因丙中学无担保资格致使抵押合同无效，抵押人丙中学与债权人乙公司均有过错，根据《民法典担保制度解释》第17条第1款的规定，对**

甲公司无力还款给乙公司造成的损失，乙公司有权请求丙中学承担缔约过失损害赔偿责任，责任范围为不超过甲公司不能清偿部分的1/2。

5. 2021年2月1日，借款到期后，甲公司无力偿还对乙公司的500万元借款及利息，若丙中学应乙公司的请求对乙公司承担了赔偿责任，丙中学是否有权请求钱某对自己承担连带责任保证责任？为什么？

【考点】担保合同的效力与反担保合同效力

【解析】①《民法典担保制度解释》第18条第1款规定："承担了担保责任或者赔偿责任的担保人，在其承担责任的范围内向债务人追偿的，人民法院应予支持。"据此，丙中学对乙公司承担缔约过失损害赔偿责任以后，对甲公司享有追偿权。丙中学对甲公司的追偿权这一债权，由钱某提供反担保，反担保方式为连带责任保证。

②《民法典担保制度解释》第19条第1款规定："担保合同无效，承担了赔偿责任的担保人按照反担保合同的约定，在其承担赔偿责任的范围内请求反担保人承担担保责任的，人民法院应予支持。"《民法典担保制度解释》第19条第2款规定："反担保合同无效的，依照本解释第十七条的有关规定处理。当事人仅以担保合同无效为由主张反担保合同无效的，人民法院不予支持。"据此，丙中学与钱某之间的保证合同作为反担保合同，其担保的对象系丙中学对甲公司的追偿权，而非抵押合同中乙公司对丙中学的抵押合同债权，因此，丙中学与钱某间的保证合同作为反担保合同，并非抵押合同的从合同，抵押合同无效的，保证合同并不因此无效。依照现行法的规定，丙中学与钱某间的保证合同有效，丙中学对乙公司承担缔约过失损害赔偿责任后，有权依照有效的保证合同，请求钱某承担反担保责任（连带保证责任）。

【答案】丙中学有权请求钱某对自己承担连带责任保证责任。理由在于：丙中学与钱某间的保证合同作为反担保合同，其担保的对象，是抵押人（担保人）丙中学对债权人乙公司承担责任后对债务人甲公司的追偿权，而非乙公司对丙中学享有的抵押合同债权，因此，作为反担保合同的保证合同，并非抵押合同的从合同，保证合同不因抵押合同无效而无效，根据《民法典担保制度解释》第19条的规定，对抵押合同无效具有过错的丙中学对乙公司承担缔约过失损害赔偿责任后，有权依照有效的反担保合同，请求钱某承担连带责任保证责任。

6. 2021年3月5日，对甲公司库存的5辆"Faraday Future"电动汽车，丁银行主张行使动产浮动抵押权，戊车行主张行使取回权，根据现行法的规定，谁的主张应当得到支持？为什么？

【考点】价款超级优先权

【解析】①《民法典》第396条规定："企业、个体工商户、农业生产经营者可以将现有的以及将有的生产设备、原材料、半成品、产品抵押，债务人不履行到期债务或者发生当事人约定的实现抵押权的情形，债权人有权就抵押财产确定时的动产优先受偿。"《民法典》第411条规定："依据本法第三百九十六条规定设定抵押的，抵押财产自下列情形之一发生时确定：（一）债务履行期限届满，债权未实现；（二）抵押人被宣告破产或者解散；（三）当事人约定的实现抵押权的情形；（四）严重影响债权实现的其他情形。"

②甲公司为丁银行设立登记的动产浮动抵押权，《民法典》第411条规定的情形出现以前，丁银行的动产浮动抵押权处于休眠期，在休眠期内，抵押人甲公司购买的动产"Faraday Future"电动汽车，自动进入动产浮动抵押，成为动产浮动抵押财产，丁银行享有登记的动产浮动抵押权。

③《民法典》第416条规定："动产抵押担保的主债权是抵押物的价款，标的物交付后十日内办理抵押登记的，该抵押权人优先于抵押物买受人的其他担保物权人受偿，但是留置权人除外。"《民法典担保制度解释》第57条第1款规定："担保人在设立动产浮动抵押并办理抵押登记后又购入或者以融资租赁方式承租新的动产，下列权利人为担保价款债权或者租金的实现而订立担保合同，并在该动产交付后十日内办理登记，主张其权利优先于在先设立的浮动抵押权的，人民法院应予支持：（一）在该动产上设立抵押权或者保留所有权的出卖人；（二）为价款支付提供融资而在该动产上设立抵押权的债权人；（三）以融资租赁方式出租该动产的出租人。"

④戊车行出卖给甲公司的"Faraday Future"电动汽车，为戊车行约定保留的所有权，属于非典型担保物权，不仅按约办理了登记，还具有以下三个特征：第一，担保动产为担保物权人戊车行出卖给担保人甲公司的动产；第二，所担保的债权为担保人甲公司购买担保动产的价金债权；第三，自交付给担保人甲公司之日起的10日内为戊车行办理了保留所有权登记。因此，根据《民法典》第416条与《民法典担保制度解释》第57条的规定，对甲公司购买的"Faraday Future"电动汽车，戊车行享有价款超级优先权，其内容实现的顺位，优先于丁银行享有的登记动产浮动抵押权。

【答案】戊车行的主张应当获得支持。理由在于：甲公司库存的5辆

“Faraday Future”电动汽车，约定戊车行保留所有权。约定为戊车行保留的所有权，属于非典型担保物权，不仅办理了登记，还具有以下三个特征：第一，担保动产为担保物权人戊车行出卖给担保人甲公司的动产；第二，所担保的债权为担保人甲公司购买担保动产的价金债权；第三，自交付给担保人甲公司之日起的10日内为戊车行办理了保留所有权登记。根据《民法典》第416条与《民法典担保制度解释》第57条的规定，对甲公司库存的5辆“Faraday Future”电动汽车，戊车行享有价款超级优先权，其内容实现的顺位，优先于丁银行享有的登记动产浮动抵押权。

7. 2021年3月6日，戊车行又申请法院扣押甲公司以市价出卖给孙某、李某、周某、吴某和郑某并已经交付的5辆“Faraday Future”电动汽车，由戊车行行使取回权的请求，应否得到法院的支持？为什么？

【考点】动产担保物权的效力限制；正常经营活动买受人规则

【解析】①《民法典》第404条规定：“以动产抵押的，不得对抗正常经营活动中已经支付合理价款并取得抵押财产的买受人。”

②《民法典担保制度解释》第56条第1款规定：“买受人在出卖人正常经营活动中通过支付合理对价取得已被设立担保物权的动产，担保物权人请求就该动产优先受偿的，人民法院不予支持，但是有下列情形之一的除外：（一）购买商品的数量明显超过一般买受人；（二）购买出卖人的生产设备；（三）订立买卖合同的目的在于担保出卖人或者第三人履行债务；（四）买受人与出卖人存在直接或者间接的控制关系；（五）买受人应当查询抵押登记而未查询的其他情形。”《民法典担保制度解释》第56条第2款规定：“前款所称出卖人正常经营活动，是指出卖人的经营活动属于其营业执照明确记载的经营范围，且出卖人持续销售同类商品。前款所称担保物权人，是指已经办理登记的抵押权人、所有权保留买卖的出卖人、融资租赁合同的出租人。”

③甲公司以市价出卖给孙某、李某、周某、吴某和郑某并已交付的5辆“Faraday Future”电动汽车，虽约定由戊车行保留所有权，并且戊车行保留的所有权属于价款超级优先权，但担保人甲公司将其出卖给孙某、李某、周某、吴某和郑某的行为属于担保人甲公司的正常经营活动，买受人以合理价格受让并且已经受让交付，根据《民法典》第404条和《民法典担保制度解释》第56条的规定，应当适用正常经营活动买受人规则，甲公司出卖给孙某、李某、周某、吴某和郑某并已经交付的5辆“Faraday Future”电动汽车，已经解除担保关系，为戊车行约定保留的所有权已经消灭。

【答案】不应得到法院的支持。理由在于：甲公司以市价出卖给孙某、李某、周某、吴某和郑某并已交付的5辆“Faraday Future”电动汽车，虽约定由戊车行保留所有权，并且戊车行保留的所有权属于价款超级优先权，但担保人甲公司将其出卖给孙某、李某、周某、吴某和郑某的行为属于担保人甲公司的正常经营活动，买受人以合理价格受让并且已经受让交付，根据《民法典》第404条和《民法典担保制度解释》第56条的规定，应当适用正常经营活动买受人规则，甲公司出卖给孙某、李某、周某、吴某和郑某并已经交付的5辆“Faraday Future”电动汽车，已经解除担保关系，为戊车行约定保留的所有权已经消灭。

8. 2021年4月1日，对赵某因网约车事故受伤应当获得的60万元赔偿，应当由谁承担赔偿责任？为什么？

【考点】网约车平台与车主之间的民事法律关系

【解析】①对赵某因网约车事故受伤应当获得的60万元赔偿，须根据网约车平台“点点出行”与网约车车主郑某之间因网约车形成的法律关系类型，确定“点点出行”与郑某是否应当以及如何对赵某遭受的损害承担责任。对此有争议，主要有后述三种观点。

②第一种观点为“居间合同说（中介合同说）”。该观点持如下主张：《民法典》第961条规定：“中介合同是中介人向委托人报告订立合同的机会或者提供订立合同的媒介服务，委托人支付报酬的合同。”《民法典》第1193条规定：“承揽人在完成工作过程中造成第三人损害或者自己损害的，定作人不承担侵权责任。但是，定作人对定作、指示或者选任有过错的，应当承担相应的责任。”根据《民法典》第961条的规定，网约车平台“点点出行”仅为车主郑某与乘客赵某之间成立客运合同提供居间服务（中介服务），对赵某因交通事故遭受的损害，应由车主郑某承担侵权责任，居间人（中介人）“点点出行”对损害的发生没有过错，应当类推适用《民法典》第1193条的规定，“点点出行”不承担侵权责任。

③第二种观点为“挂靠说”。该观点持如下主张：《民法典》第1211条规定：“以挂靠形式从事道路运输经营活动的机动车，发生交通事故造成损害，属于该机动车一方责任的，由挂靠人和被挂靠人承担连带责任。”车主郑某不具有客运资质，在具有客运资质的“点点出行”的组织下运营，属于挂靠，对赵某因交通事故遭受的损害，根据《民法典》第1211条的规定，应当由挂靠人郑某与被挂靠人“点点出行”承担连带侵权损害赔偿责任。

④第三种观点为“雇佣合同说”。该观点持如下主张：车主郑某在

“点点出行”累计劳动时间长且以该劳动收入为主要收入来源，并且通过派单方式获得网约车业务，可认定双方成立劳动关系，郑某属于因执行职务致人损害成立侵权，对乘客赵某因事故遭受的损害，根据《民法典》第1191条第1款的规定，应当由用人单位“点点出行”承担无过错的替代责任。

【答案】对赵某因网约车事故受伤应当获得的60万元赔偿，须根据网约车平台“点点出行”与网约车车主郑某之间因网约车形成的法律关系类型，确定“点点出行”与郑某是否应当以及如何对赵某遭受的损害承担责任。对此有争议，主要有三种观点：观点（一），“居间合同说（中介合同说）”，该观点主张，网约车平台“点点出行”仅为车主郑某与乘客赵某之间成立客运合同提供居间服务（中介服务），对乘客赵某因事故遭受的损害，应由车主郑某承担侵权损害赔偿责任，居间人（中介人）“点点出行”对损害的发生无过错，不承担责任。观点（二），“挂靠说”，网约车平台“点点出行”与车主郑某形成挂靠关系，对乘客赵某因事故遭受的损害，应由“点点出行”与车主郑某承担连带侵权损害赔偿责任。观点（三），“雇佣合同说”，该观点主张，车主郑某在“点点出行”累计劳动时间长且以该劳动收入为主要收入来源，并且通过派单方式获得网约车业务，可认定双方成立劳动关系，郑某属于因执行职务致人损害成立侵权，对乘客赵某因事故遭受的损害，应由用人单位“点点出行”承担无过错的替代责任。

第三题

案情：

【1】甲公司全资设立了乙公司。2020年3月1日，乙公司与A银行订立编号为“007”的《借款合同》约定：“乙公司向A银行借款500万元，借期1年，自2020年3月2日至2021年3月1日，利息50万元。”《借款合同》订立后，A银行按约向乙公司提供了借款。

【2】2020年3月1日，甲公司与A银行订立编号为“008”的《保证合同》约定：“乙公司基于‘007’号《借款合同》对A银行负担的借款债务由甲公司提供保证担保，保证方式为连带责任保证。”甲公司与A银行订立《保证合同》时未形成同意甲公司提供保证担保的有效的甲公司机关决议，A银行于《保证合同》订立时知情。

【3】2020年3月1日，B公司（主营业务为职业教育培训）与A银行

订立编号为“009”的《抵押合同》约定：“乙公司基于‘007’号《借款合同》对A银行负担的借款债务由B公司以其B车抵押担保；抵押期间，未经A银行同意，禁止B公司转让抵押的B车。”《抵押合同》订立后，B公司为A银行办理了B车的抵押登记，但一直未将禁止B公司转让B车的约定办理登记。

【4】2020年9月1日，未经A银行同意，B公司将B车以市价出卖给C公司并交付，C公司受让B车交付时不知B公司与A银行禁止转让B车的约定，亦不知B车系抵押财产。2021年3月2日，乙公司对A银行的借款到期，乙公司无力偿还借款。

【5】2018年3月1日，甲公司与D公司订立《融资回购协议》约定：“D公司向甲公司提供融资1000万元，收购甲公司15%的股权，融资期限为2年，自2018年3月2日至2020年3月1日；2年融资期满后1个月内，甲公司以1250万元的价格回购D公司收购的甲公司15%的股权，甲公司期满未回购的，由D公司终局确定取得这15%的股权，抵偿甲公司对D公司负担的融资回购债务。”《融资回购协议》订立后，D公司按约向甲公司提供了融资款，甲公司为D公司办理了15%股权的工商变更登记。后，直到2020年4月2日，甲公司也未按约以1250万元的价格回购15%的股权。

【6】2021年3月1日，为担保甲公司对E公司的一笔1000万元的短期借款债务，乙公司向E公司提供连带责任保证担保（甲公司对此以书面方式表示同意）。2021年6月1日，因甲公司到期未偿还借款债务，E公司诉请乙公司承担连带责任保证担保责任，诉讼中，乙公司以向E公司提供保证担保时违反《公司法》关于公司对外担保决议程序为由（该主张属实）主张不承担保证责任，法院未支持这一抗辩，判决乙公司承担保证责任。因承担该保证责任，致使乙公司无力清偿对F公司于2021年7月1日到期的800万元金钱债务。F公司未起诉乙公司，其于2021年8月1日仅以甲公司为被告提起公司法人人格否认诉讼，诉请否认乙公司法人人格并判令甲公司对乙公司的800万元债务承担连带责任。诉讼中，甲公司不能举证证明甲公司与乙公司财产独立。

问题：

1. 2020年9月1日，C公司是否已经取得对B车的所有权？为什么？

【考点】抵押财产的转让

【解析】①《民法典》第406条第1款规定：“抵押期间，抵押人可以转让抵押财产。当事人另有约定的，按照其约定。抵押财产转让的，抵押权不受影响。”《民法典担保制度解释》第43条第1款规定：“当事人约定禁止或者限制转让抵押财产但是未将约定登记，抵押人违反约定转让抵押财产，抵押权人请求确认转让合同无效的，人民法院不予支持；抵押财产已经交付或者登记，抵押权人请求确认转让不发生物权效力的，人民法院不予支持，但是抵押权人有证据证明受让人知道的除外；抵押权人请求抵押人承担违约责任的，人民法院依法予以支持。”

②B公司将其B车抵押给A银行，约定抵押期间未经抵押权人A银行同意，抵押人B公司不得转让抵押财产B车，但是，未将禁转约定于登记机关办理登记，抵押期间，未经抵押权人A银行同意，抵押人B公司违反禁转约定，将抵押财产B车转让给C公司，C公司于受让B车时不知道亦不应当知道禁转约定，根据《民法典担保制度解释》第43条第1款的规定，能够发生基于法律行为的动产物权变动，C公司自受让B车交付时，C公司取得对B车的所有权。

【答案】C公司已经取得对B车的所有权。理由在于：虽然抵押人B公司与抵押权人A银行约定，抵押期间，未经抵押权人A银行同意，禁止B公司转让抵押财产B车，但未将禁止转让的约定办理登记，B公司违反禁止转让的约定，将B车转让给C公司，C公司受让B车时为善意，不知禁止转让抵押财产B车的约定，根据《民法典担保制度解释》第43条的规定，自C公司受让B车交付时，善意的C公司取得对B车的所有权。

2. 2021年3月2日，乙公司无力对A银行偿还到期借款时，A银行是否有权对B车行使抵押权？为什么？

【考点】抵押财产的转让

【解析】①《民法典》第404条规定：“以动产抵押的，不得对抗正常经营活动中已经支付合理价款并取得抵押财产的买受人。”该条规定了“正常经营活动买受人规则”。由于抵押人B公司的主营业务为职业教育培训，根据《民法典担保制度解释》第56条的规定，抵押期间，抵押人B公司将抵押的动产B车出卖给C公司，不属于抵押人B公司的正常经营活动，因此不适用《民法典》第404条规定的正常经营活动买受人规则，转让给C公司的B车并不自动解除抵押关系。

②《民法典》第403条规定：“以动产抵押的，抵押权自抵押合同生效时设立；未经登记，不得对抗善意第三人。”《民法典》第406条第1款规定：“抵押期间，抵押人可以转让抵押财产。当事人另有约定的，按照其约定。抵押财产转让的，抵押权不受影响。”A银行对B车的动产抵押权已经办理抵押登记，抵押期间，抵押人B公司将抵押的动产B车转让给

C公司，即使C公司受让B车时不知B车系抵押财产，A银行对B车享有的登记的动产抵押权亦可对抗受让人C公司。因此，C公司取得所有权的B车，A银行的抵押权不受影响，A银行继续享有登记的动产抵押权。

【答案】A银行有权对B车行使抵押权。理由在于：由于抵押人B公司将B车转让给C公司不属于抵押人B公司的正常经营活动，因此，不适用《民法典》第404条规定的正常经营活动买受人规则，转让给C公司的B车并不自动解除抵押关系。同时，虽然C公司受让抵押财产B车时不知B车系抵押财产，但是，A银行对B车的动产抵押权已经登记，能够对抗受让人C公司，根据《民法典》第406条第1款的规定，C公司取得对B车的所有权后，A银行的抵押权不受影响，对善意的C公司取得所有权的B车，A银行继续享有登记的动产抵押权，被担保的债务人乙公司到期未还款时，根据《民法典》第410条的规定，A银行有权对B车行使抵押权。

3. 2021年3月2日，乙公司无力对A银行偿还到期借款时，若A银行请求甲公司承担连带责任保证担保责任，甲公司以提供保证担保时未形成同意甲公司提供保证担保的机关决议为由抗辩，拒绝对A银行承担保证担保责任，甲公司的抗辩是否成立？为什么？

【考点】公司对外担保

【解析】①《民法典担保制度解释》第8条第1款规定："有下列情形之一，公司以其未依照公司法关于公司对外担保的规定作出决议为由主张不承担担保责任的，人民法院不予支持：（一）金融机构开立保函或者担保公司提供担保；（二）公司为其全资子公司开展经营活动提供担保；（三）担保合同系由单独或者共同持有公司三分之二以上对担保事项有表决权的股东签字同意。"《民法典担保制度解释》第8条第2款规定："上市公司对外提供担保，不适用前款第二项、第三项的规定。"

②乙公司系甲公司的全资子公司，对于乙公司对A银行负担的借款债务，甲公司提供保证担保，根据《民法典担保制度解释》第8条的规定，无须依照《公司法》第16条的规定形成同意甲公司提供保证担保的有效机关决议进行个别授权，甲公司的法定代表人即享有代表甲公司提供保证担保的代表权限，因此，甲公司与A银行的保证合同，属于甲公司的法定代表人在代表权限范围内以甲公司的名义与A银行订立的，根据《民法典》第61条第2款的规定，该保证合同归属于甲公司承受，对甲公司发生效力。

【答案】甲公司的抗辩不能成立。理由在于：甲公司为其全资子公司乙公司的经营活动提供保证担保时，根据《民法典担保制度解释》第 8 条的规定，无须依照《公司法》第 16 条的规定形成同意甲公司提供保证担保的有效机关决议进行个别授权，甲公司的法定代表人即享有代表甲公司提供保证担保的代表权限，因此，甲公司与 A 银行的保证合同，属于甲公司的法定代表人在代表权限范围内以甲公司的名义与 A 银行订立的，根据《民法典》第 61 条第 2 款的规定，该保证合同归属于甲公司承受，对甲公司发生效力。

4. 2020 年 4 月 2 日，甲公司未按约以 1250 万元的价格回购 15% 的股权，D 公司是否已经按照约定终局确定取得这 15% 的股权？为什么？

【考点】让与担保

【解析】①《民法典担保制度解释》第 68 条第 1 款规定："债务人或者第三人与债权人约定将财产形式上转移至债权人名下，债务人不履行到期债务，债权人有权对财产折价或者以拍卖、变卖该财产所得价款偿还债务的，人民法院应当认定该约定有效。当事人已经完成财产权利变动的公示，债务人不履行到期债务，债权人请求参照民法典关于担保物权的有关规定就该财产优先受偿的，人民法院应予支持。"

②《民法典担保制度解释》第 68 条第 2 款规定："债务人或者第三人与债权人约定将财产形式上转移至债权人名下，债务人不履行到期债务，财产归债权人所有的，人民法院应当认定该约定无效，但是不影响当事人有关提供担保的意思表示的效力。当事人已经完成财产权利变动的公示，债务人不履行到期债务，债权人请求对该财产享有所有权的，人民法院不予支持；债权人请求参照民法典关于担保物权的规定对财产折价或者以拍卖、变卖该财产所得的价款优先受偿的，人民法院应予支持；债务人履行债务后请求返还财产，或者请求对财产折价或者以拍卖、变卖所得的价款清偿债务的，人民法院应予支持。"

③《民法典担保制度解释》第 68 条第 3 款规定："债务人与债权人约定将财产转移至债权人名下，在一定期间后再由债务人或者其指定的第三人以交易本金加上溢价款回购，债务人到期不履行回购义务，财产归债权人所有的，人民法院应当参照第二款规定处理。回购对象自始不存在的，人民法院应当依照民法典第一百四十六条第二款的规定，按照其实际构成的法律关系处理。"

④债务人甲公司与债权人约定将甲公司 15% 的股权转移至 D 公司名下，在一定期间后再由甲公司以交易本金加上溢价款回购，甲公司到期不

履行回购义务，15%的股权归D公司所有的，根据《民法典担保制度解释》第68条第3款的规定，应当认定，甲公司与D公司因该约定成立了两个法律关系：第一，甲公司与D公司间成立本金为1000万元，借期2年，约定借期利息为250万元的借款合同；第二，甲公司与D公司间成立以甲公司15%股权为标的物的让与担保。同时，根据《民法典担保制度解释》第68条第2款的规定，甲公司与D公司让与担保协议中的流担保条款无效，因此，甲公司到期未还款时，D公司不能按照无效的流担保条款终局确定取得15%的股权。

【答案】D公司不能按照约定终局确定取得这15%的股权。理由在于：债务人甲公司与债权人约定将甲公司15%的股权转移至D公司名下，在一定期间后再由甲公司以交易本金加上溢价款回购，甲公司到期不履行回购义务，15%的股权归D公司所有的，根据《民法典担保制度解释》第68条第3款的规定，应当认定，甲公司与D公司因该约定成立了两个法律关系：第一，甲公司与D公司间成立本金为1000万元，借期2年，约定借期利息为250万元的借款合同；第二，甲公司与D公司间成立以甲公司15%股权为标的物的让与担保。同时，根据《民法典担保制度解释》第68条第2款规定，甲公司与D公司让与担保协议中的流担保条款无效，因此，甲公司到期未还款时，D公司不能按照无效的流担保条款终局确定取得15%的股权。

5. 2020年4月2日，甲公司未按约以1250万元的价格回购15%的股权时，D公司是否有权主张对这15%的股权优先受偿？为什么？

【考点】让与担保

【解析】①股权可以作为标的物设立让与担保。为担保D公司对甲公司享有的融资债权，甲公司以其15%的股权为D公司设立让与担保，已经完成将担保财产（甲公司15%的股权）移转归债权人D公司享有的公示（已经为D公司办理股权的工商变更登记），根据《民法典担保制度解释》第68条第1款的规定，已经发生基于法律行为的物权变动效果，D公司对这15%的股权享有作为非典型担保物权的让与担保担保物权。

②甲公司未对D公司偿还到期借款时，根据《民法典担保制度解释》第68条第1款的规定，D公司有权对这15%的股权行使让与担保担保物权，协议这15%的股权折价归D公司所有以优先抵偿甲公司对D公司的借款债务，或者以拍卖、变卖这15%的股权所得价款优先清偿甲公司对D公司的借款债务。

【答案】D公司有权主张对这15%的股权优先受偿。理由在于：由于甲公司与D公司的让与担保协议有效，甲公司拥有相应的处分权，并且已经完成让与担保财产权利变动的公示（已经为D公司办理了15%股权的工商变更登记），因此，D公司对这15%的股权享有作为非典型担保的让与担保物权；甲公司未对D公司偿还到期借款时，根据《民法典担保制度解释》第68条第1款的规定，D公司有权对这15%的股权行使让与担保担保物权，协议这15%的股权折价归D公司所有以优先抵偿甲公司对D公司的借款债务，或者以拍卖、变卖这15%的股权所得价款优先清偿甲公司对D公司的借款债务。

6. E公司于2021年6月1日诉请乙公司承担连带责任保证担保责任时，乙公司以向E公司提供保证担保时违反《公司法》关于公司对外担保决议程序为由主张不承担保证责任，这一抗辩理由是否成立？为什么？

【考点】公司对外担保

【解析】①《民法典担保制度解释》第10条规定："一人有限责任公司为其股东提供担保，公司以违反公司法关于公司对外担保决议程序的规定为由主张不承担担保责任的，人民法院不予支持。公司因承担担保责任导致无法清偿其他债务，提供担保时的股东不能证明公司财产独立于自己的财产，其他债权人请求该股东承担连带责任的，人民法院应予支持。"

②乙公司系一人公司，不设股东会与董事会，对于乙公司的股东甲公司对E公司负担的借款债务，乙公司提供保证担保，根据《民法典担保制度解释》第10条的规定，不适用《公司法》第16条的规定，仅需要乙公司的股东甲公司的同意，乙公司的法定代表人即享有代表乙公司订立保证合同的代表权限。经甲公司同意后，乙公司的法定代表人代表乙公司与E公司所订立的保证合同，属于有权代表，直接归属于乙公司承受。被代表的债务人甲公司到期未还款时，E公司有权请求乙公司承担保证责任。

【答案】乙公司的这一抗辩理由不成立。理由在于：乙公司系一人公司，不设股东会与董事会，因此，乙公司为其股东甲公司的债务提供保证担保时，不适用《公司法》第16条的规定，乙公司的所有人（即股东甲公司）同意提供保证担保的，乙公司的法定代表人即享有代表乙公司订立保证合同的代表权限，所订立的保证合同直接归属于乙公司承受。

7. 2021年8月1日，F公司未起诉乙公司，仅以甲公司为被告提起公司法人人格否认诉讼，诉请否认乙公司法人人格并判令甲公司对乙公司的800万元债务承担连带责任，法院应当如何安排当事人？

【考点】法人人格否认

【解析】①《九民纪要》第13条规定："人民法院在审理公司人格否认纠纷案件时，应当根据不同情形确定当事人的诉讼地位：(1) 债权人对债务人公司享有的债权已经由生效裁判确认，其另行提起公司人格否认诉讼，请求股东对公司债务承担连带责任的，列股东为被告，公司为第三人；(2) 债权人对债务人公司享有的债权提起诉讼的同时，一并提起公司人格否认诉讼，请求股东对公司债务承担连带责任的，列公司和股东为共同被告；(3) 债权人对债务人公司享有的债权尚未经生效裁判确认，直接提起公司人格否认诉讼，请求公司股东对公司债务承担连带责任的，人民法院应当向债权人释明，告知其追加公司为共同被告。债权人拒绝追加的，人民法院应当裁定驳回起诉。"

②债务人乙公司对F公司的借款债务尚未经生效裁判确认，债权人F公司仅以股东甲公司为被告，诉请否认乙公司的法人人格的，参照《九民纪要》第13条规定的裁判思路，法院应当向F公司释明，告知其追加债务人乙公司为共同被告；债权人F公司拒绝追加的，人民法院应当裁定驳回起诉。

【答案】F公司未起诉乙公司，仅以股东甲公司为被告起诉，诉请否认乙公司法人人格的，参照《九民纪要》第13条规定的裁判思路，法院应当向F公司释明，告知其追加债务人乙公司为共同被告；债权人F公司拒绝追加的，人民法院应当裁定驳回起诉。

8. 根据我国现行民法的规定，在F公司与乙公司的800万元借款债务纠纷中，法院是否可以否认乙公司的法人人格，判令甲公司对乙公司的800万元债务承担连带责任？为什么？

【考点】法人人格否认

【解析】①《民法典》第83条第2款规定："营利法人的出资人不得滥用法人独立地位和出资人有限责任损害法人债权人的利益；滥用法人独立地位和出资人有限责任，逃避债务，严重损害法人债权人的利益的，应当对法人债务承担连带责任。"《公司法》第63条规定："一人有限责任公司的股东不能证明公司财产独立于股东自己的财产的，应当对公司债务承担连带责任。"

②《民法典担保制度解释》第10条规定："一人有限责任公司为其股东提供担保，公司以违反公司法关于公司对外担保决议程序的规定为由主张不承担担保责任的，人民法院不予支持。公司因承担担保责任导致无法清偿其他债务，提供担保时的股东不能证明公司财产独立于自己的财产，

其他债权人请求该股东承担连带责任的，人民法院应予支持。”

③作为一人公司的乙公司，为其股东甲公司的债务提供并承担保证责任，并因此导致乙公司无力清偿对F公司的债务，若甲公司不能举证证明乙公司与甲公司财产独立，则应当认定甲公司与乙公司发生了财产混同与人格混同，股东甲公司实施了滥用乙公司独立责任的滥用行为，并因此严重损害乙公司债权人的利益，根据《民法典》第83条第2款与《民法典担保制度解释》第10条的规定，可以否认乙公司的法人人格，判令甲公司对乙公司的800万元债务承担连带责任。

【答案】**法院可以否认乙公司的法人人格，判令甲公司对乙公司的800万元债务承担连带责任。理由在于：作为一人公司的乙公司，为其股东甲公司的债务提供并承担保证责任，并因此导致乙公司无力清偿对F公司的债务，若甲公司不能举证证明乙公司与甲公司财产独立，则应当认定甲公司与乙公司发生了财产混同与人格混同，股东甲公司实施了滥用乙公司独立责任的滥用行为，并因此严重损害乙公司债权人的利益，根据《民法典》第83条第2款与《民法典担保制度解释》第10条的规定，可以否认乙公司的法人人格，判令甲公司对乙公司的800万元债务承担连带责任。**

第四题

案情：

【1】赵某欠钱某的90万元借款到期后，因赵某手头资金不足，2022年3月1日，双方订立《以物抵债协议》约定：“赵某于2022年3月10日前向钱某履行交付国画A并移转所有权的义务，以抵偿赵某对钱某的90万元借款债务。”赵某新交的女友当日知道《以物抵债协议》后，对赵某表示，如果赵某不保留住国画A，十有八九不会嫁给赵某，因此，虽经钱某多次催促，直到2022年4月10日，赵某一直未向钱某履行交付国画A并移转所有权的义务。2022年4月11日，钱某请求赵某履行90万元的借款债务，赵某以《以物抵债协议》订立后自己对钱某的90万元借款债务已经消灭为由拒绝履行。

【2】2022年4月15日，在律师的主持下，赵某与钱某又订立《以物抵债协议（二）》约定：“免除赵某现应付以及将应付的全部迟延利息。赵某将其持有的B公司5%的股权转让到钱某名下。若赵某于2022年5月1日前偿还钱某90万元，钱某将股权返还给赵某。若赵某未于2022年5月1

日前偿还钱某90万元，由钱某终局取得这5%的股权，抵偿赵某负担的90万元借款债务，不再另行清算。”订立《以物抵债协议（二）》的当天，赵某为钱某办理了股权的工商变更登记。后，直到2022年5月2日，赵某未履行偿还钱某90万元的义务。

【3】赵某居住的“鲁园上河”小区的物业服务人是“经略提辖物业服务公司”（以下简称“经略公司”），在物业服务合同约定的服务期限即将届满时，为了更大概率地获得续聘的机会，“经略公司”自己投资数十万元，将小区出入认证由原来的“刷卡认证”升级为“人脸识别认证”，并公告业主：“2022年6月1日起停止‘刷卡认证’，全面启动‘人脸识别认证’；恭请业主提前办理人脸识别认证的相关事宜。”赵某因自家防盗门采用的是人脸识别，担心物业收集自己的人脸信息后影响自家的安全，遂提出自己需要继续采用“刷卡认证”的方式出入，“经略公司”断然拒绝，并表示若赵某不提前办理人脸识别认证的相关事宜，则不再为赵某提供出入认证服务，赵某只好办理了人脸识别的相关事宜。除赵某外，还有不少业主也反对采用人脸识别的验证方式，因此，2022年7月1日，物业服务期限届满时，“鲁园上河”小区既未续聘，亦未另聘，“经略公司”仍像从前一样提供物业服务。

【4】2022年7月15日晚上8点多，事先有所准备的赵某在小区正门口悬挂白底黑字的横幅，上书“停止人脸识别，还我刷卡出入”，并敲打架子鼓吸引大家的注意力。靠近小区正门口C栋楼房三楼、五楼和六楼的业主孙某、李某、周某见状后，以向楼下连续扔啤酒瓶的方式对赵某予以声援，不料其中一个啤酒瓶砸伤了路过的业主吴某，但不能证明是谁扔的啤酒瓶砸伤了吴某。

【5】赵某在门口抗议了几天，“经略公司”无动于衷。2022年8月1日，赵某将“经略公司”诉至法院，主要诉讼请求有两个。诉讼请求（一）：请求法院判令“经略公司”删除收集、储存的赵某的人脸识别信息。诉讼请求（二）：请求法院判令“经略公司”继续为赵某提供刷卡认证服务。诉讼中，针对诉讼请求（一），“经略公司”以收集赵某的人脸识别信息事先经过赵某同意为由抗辩。针对诉讼请求（二），赵某提供证据证明，“经略公司”继续为赵某提供刷卡认证服务，所需费用不高。

问题：

1. 2022年4月11日，赵某主张自己对钱某的90万元借款债务已经消灭，这一主张是否成立？为什么？

【考点】以物抵债

【解析】①《民法典合同编通则部分解释》[1]第28条第1款规定："债务人或者第三人与债权人在债务履行期限届满后达成以物抵债协议，如无法定无效或者未生效的情形，人民法院应当认定该协议自当事人意思表示一致时生效。债务人履行以物抵债协议后，人民法院应当认定相应的原债务同时消灭。债务人未按照约定履行以物抵债协议，债权人选择请求债务人履行原债务或者以物抵债协议的，人民法院应予支持，但是法律另有规定或者当事人另有约定的除外。"

②若赵某与钱某的《以物抵债协议》明确约定"《以物抵债协议》生效时原债（90万元借款债务）消灭"，根据通说观点，该《以物抵债协议》成立"债务更新"（又称"债务更改"），其法律效果是《以物抵债协议》生效时，原债消灭，赵某与钱某间仅成立新债（交付国画A并移转所有权的债务）。赵某与钱某的《以物抵债协议》不属于此种情形。

③若赵某与钱某的《以物抵债协议》未明确约定"《以物抵债协议》生效时原债（90万元借款债务）消灭"，根据通说观点，该《以物抵债协议》成立"新债清偿"，其法律效果是《以物抵债协议》生效时，原债与新债同时并存。赵某与钱某的《以物抵债协议》属于此种情形。

【答案】不成立。理由在于：第一，若《以物抵债协议》明确约定"《以物抵债协议》生效时原债（90万元借款债务）消灭"，根据通说，《以物抵债协议》成立债务更新，《以物抵债协议》生效时，仅成立新债（交付国画A的债务），原债消灭。第二，《以物抵债协议》并未明确约定"《以物抵债协议》生效时原债（90万元借款债务）消灭"，根据通说，应当认定，《以物抵债协议》成立新债清偿，其法律效果是《以物抵债协议》成立时，原债与新债同时并存。

2. 2022年4月11日，钱某是否享有请求赵某履行90万元借款债务的权利？为什么？

【考点】以物抵债

【解析】①如前所述，赵某与钱某间的《以物抵债协议》成立"新债清偿"，根据通说观点，其法律效果包括三个方面：第一，《以物抵债协议》生效时，原债（90万元借款债务）与新债（交付国画A并移转所有权的债务）同时并存。第二，基于意思自治与诚实信用，原则上，债务人

[1] 本书涉及《民法典合同编通则部分解释》内容是根据《最高人民法院关于适用〈中华人民共和国民法典〉合同编通则部分的解释（征求意见稿）》撰写，待司法解释颁行后如有不一致之处将进行勘误增补。

赵某应当履行新债，新债因清偿消灭时，原债一并消灭。第三，若《以物抵债协议》订立后经过合理期限，赵某不履行新债，致使债权人钱某订立《以物抵债协议》的目的不能实现，钱某享有选择权。钱某有权选择请求赵某继续履行新债，也有权选择请求赵某恢复对原债的履行，原债因清偿而消灭时，新债一并消灭。

②《以物抵债协议》订立后经过合理期限，赵某未履行新债，因此钱某有权选择请求赵某恢复履行原债。

【答案】享有。理由在于：第一，《以物抵债协议》成立新债清偿，《以物抵债协议》成立时，原债与新债同时并存。第二，根据通说，原则上，钱某应当请求赵某履行新债（交付国画 A 的义务），新债清偿时，新债与原债一并消灭。第三，根据通说，若《以物抵债协议》订立后经过合理期限，赵某不履行新债，致使钱某订立《以物抵债协议》的目的不能实现，钱某有权选择请求赵某恢复对原债（90 万元借款债务）的履行，原债清偿时，原债与新债一并消灭。

3. 2022 年 5 月 2 日，钱某是否已经按照约定取得这 5% 的股权？为什么？

【考点】以物抵债

【解析】①《民法典合同编通则部分解释》第 29 条第 3 款规定："债务人或者第三人与债权人在债务履行期届满前达成以物抵债协议的，人民法院应当认定该协议系民法典第三百八十八条规定的'其他具有担保功能的合同'。当事人约定债务人到期没有清偿债务，债权人可以对财产拍卖、变卖、折价偿还债权的，人民法院应当认定合同有效；当事人约定债务人到期没有清偿债务，财产归债权人所有的，人民法院应当认定该部分约定无效，但是不影响合同其他部分的效力。"

②《民法典合同编通则部分解释》第 29 条第 4 款规定："当事人订立前款规定的以物抵债协议后，债务人或者第三人未将财产权利移转至债权人，债权人主张优先受偿的，人民法院不予支持；债务人或者第三人已将财产权利转移至债权人的，适用《最高人民法院关于适用〈中华人民共和国民法典〉有关担保制度的解释》第六十八条的规定。"

③赵某与钱某订立的《以物抵债协议（二）》，虽名为"以物抵债协议"，实际属于为担保宽限至 2022 年 5 月 1 日到期的赵某对钱某 90 万元借款债务的履行，以赵某持有的 B 公司 5% 的股权为标的，为钱某设立让与担保。根据《民法典担保制度解释》第 68 条的规定，该让与担保合同中的流担保条款无效，因此，赵某到期未还款时，钱某不能按照约定取得

这5%的股权。

【答案】没有。理由在于：第一，《以物抵债协议（二）》虽有以物抵债之名，实为以赵某持有的B公司5%的股权作为标的物为钱某设立让与担保的约定。第二，根据《民法典担保制度解释》第68条的规定，赵某与钱某间让与担保合同中的流担保条款无效，因此，赵某未按照约定于2022年5月1日之前履行被担保的90万元借款债务的，钱某不能按照流担保条款取得股权。

4. 2022年7月2日后，赵某与"经略公司"之间是否存在物业服务合同？为什么？

【考点】物业服务合同

【解析】①《民法典》第948条第1款规定："物业服务期限届满后，业主没有依法作出续聘或者另聘物业服务人的决定，物业服务人继续提供物业服务的，原物业服务合同继续有效，但是服务期限为不定期。"《民法典》第948条第2款规定："当事人可以随时解除不定期物业服务合同，但是应当提前六十日书面通知对方。"

② 2022年7月1日后，"鲁园上河"小区与"经略公司"间的物业服务合同约定的服务期限已经届满，业主既未续聘亦未另聘，"经略公司"继续提供物业服务，根据《民法典》第948条的规定，原物业服务合同自动续期，但视为不定期物业服务合同。因此，2022年7月1日后，业主赵某与物业服务人"经略公司"间存在有效的物业服务合同。

【答案】存在。理由在于：物业服务合同约定的服务期间届满后，业主没有续聘，也没有另聘的，物业服务人继续提供物业服务的，根据《民法典》第948条的规定，原物业服务合同自动续期，但视为不定期物业服务合同。

5. 吴某于2022年7月15日遭受的人身损害，应如何承担责任？吴某是否有权请求"经略公司"承担责任？为什么？

【考点】高空抛物致人损害的责任；共同危险行为

【解析】①吴某遭受的人身损害，属于因高空抛物遭受的人身损害，同时，业主孙某、李某、周某的行为成立《民法典》第1170条规定的共同危险行为，属于能够确定具体侵权人的情形，根据《民法典》第1254条的规定，由具体侵权人（即共同危险行为人孙某、李某、周某）依照《民法典》第1170条的规定承担连带侵权损害赔偿责任，不适用公平责任。

②吴某遭受的人身损害，虽然与“经略公司”存在事实上的关联，但是，“经略公司”的行为与孙某、李某、周某实施共同危险行为之间无因果关系；同时，“经略公司”不存在未履行防范高空抛物的安全保障义务的情形，因此，“经略公司”无须依照《民法典》第1198条的规定承担违反安全保障义务的补充责任。

【答案】①吴某遭受的人身损害，属于因高空抛物遭受的人身损害，同时，业主孙某、李某、周某的行为成立《民法典》第1170条规定的共同危险行为，属于能够确定具体侵权人的情形，根据《民法典》第1254条的规定，由具体侵权人（即共同危险行为人孙某、李某、周某）依照《民法典》第1170条的规定承担连带侵权损害赔偿责任，不适用公平责任。②吴某无权请求“经略公司”承担责任。理由在于：“经略公司”不存在未履行防范高空抛物的安全保障义务的情形，因此，“经略公司”无须依照《民法典》第1198条的规定承担违反安全保障义务的补充责任。

6. 赵某对“经略公司”的诉讼请求（一），“经略公司”以收集赵某的人脸识别信息事先经过赵某同意为由抗辩，这一抗辩是否成立？为什么？

【考点】个人信息保护

【解析】①《个人信息保护法》第13条第1款规定：“符合下列情形之一的，个人信息处理者方可处理个人信息：（一）取得个人的同意；（二）为订立、履行个人作为一方当事人的合同所必需，或者按照依法制定的劳动规章制度和依法签订的集体合同实施人力资源管理所必需；（三）为履行法定职责或者法定义务所必需；（四）为应对突发公共卫生事件，或者紧急情况下为保护自然人的生命健康和财产安全所必需；（五）为公共利益实施新闻报道、舆论监督等行为，在合理的范围内处理个人信息；（六）依照本法规定在合理的范围内处理个人自行公开或者其他已经合法公开的个人信息；（七）法律、行政法规规定的其他情形。”《个人信息保护法》第13条第2款规定：“依照本法其他有关规定，处理个人信息应当取得个人同意，但是有前款第二项至第七项规定情形的，不需取得个人同意。”据此，除非属于《个人信息保护法》第13条第1款第2项至第7项规定的“法定许可”，“经略公司”处理赵某的人脸信息须经赵某的“有效同意”，未经赵某知情后的有效同意，“经略公司”处理赵某的人脸信息，属于不法处理，成立对赵某个人信息的侵害。

②《使用人脸识别技术处理个人信息规定》[1]第4条规定："有下列情形之一，信息处理者以已征得自然人或者其监护人同意为由抗辩的，人民法院不予支持：(一)信息处理者要求自然人同意处理其人脸信息才提供产品或者服务的，但是处理人脸信息属于提供产品或者服务所必需的除外；(二)信息处理者以与其他授权捆绑等方式要求自然人同意处理其人脸信息的；(三)强迫或者变相强迫自然人同意处理其人脸信息的其他情形。"据此，由于处理赵某的人脸信息，并非"经略公司"为赵某提供出入验证服务所必需，"经略公司"以不为赵某提供出入验证服务相威胁，迫使赵某同意"经略公司"处理赵某的人脸信息，赵某的同意属于因遭受强迫作出的同意，根据"强迫同意无效规则"，赵某的同意无效，因此，"经略公司"处理赵某的人脸信息不存在合法性基础，属于不法处理。

③《个人信息保护法》第47条第1款规定："有下列情形之一的，个人信息处理者应当主动删除个人信息；个人信息处理者未删除的，个人有权请求删除：(一)处理目的已实现、无法实现或者为实现处理目的不再必要；(二)个人信息处理者停止提供产品或者服务，或者保存期限已届满；(三)个人撤回同意；(四)个人信息处理者违反法律、行政法规或者违反约定处理个人信息；(五)法律、行政法规规定的其他情形。"《个人信息保护法》第47条第2款规定："法律、行政法规规定的保存期限未届满，或者删除个人信息从技术上难以实现的，个人信息处理者应当停止除存储和采取必要的安全保护措施之外的处理。"据此，"经略公司"不法处理赵某的人脸识别信息，赵某享有删除权，有权请求"经略公司"删除处理赵某的人脸识别信息。

【答案】不成立。理由在于：第一，处理赵某的人脸识别信息，并非"经略公司"为赵某提供出入验证服务所必需。第二，"经略公司"以不向赵某提供出入验证服务相威胁，强迫赵某同意"经略公司"处理赵某的人脸识别信息，属于强迫同意，根据《使用人脸识别技术处理个人信息规定》第4条的规定，该同意无效。第三，"经略公司"处理赵某的人脸识别信息，属于非法处理，根据《个人信息保护法》第47条的规定，赵某享有删除权，有权请求"经略公司"删除。

[1]《最高人民法院关于审理使用人脸识别技术处理个人信息相关民事案件适用法律若干问题的规定》，以下简称《使用人脸识别技术处理个人信息规定》。

7. 赵某对“经略公司”提出的诉讼请求（二）：请求法院判决“经略公司”继续为赵某提供刷卡认证服务。法院应否支持？为什么？

【考点】物业服务合同；实际履行的违约责任

【解析】①《民法典》第942条第1款规定：“物业服务人应当按照约定和物业的使用性质，妥善维修、养护、清洁、绿化和经营管理物业服务区域内的业主共有部分，维护物业服务区域内的基本秩序，采取合理措施保护业主的人身、财产安全。”

②《使用人脸识别技术处理个人信息规定》第10条第1款规定：“物业服务企业或者其他建筑物管理人以人脸识别作为业主或者物业使用人出入物业服务区域的唯一验证方式，不同意的业主或者物业使用人请求其提供其他合理验证方式的，人民法院依法予以支持。”

③《民法典》第580条第1款规定：“当事人一方不履行非金钱债务或者履行非金钱债务不符合约定的，对方可以请求履行，但是有下列情形之一的除外：（一）法律上或者事实上不能履行；（二）债务的标的不适于强制履行或者履行费用过高；（三）债权人在合理期限内未请求履行。”

④如前所述，业主赵某与物业服务人“经略公司”之间存在有效的物业服务合同，根据《民法典》第942条的规定，基于该有效的物业服务合同，“经略公司”对赵某负有维护物业服务区域内的基本秩序，保护业主的人身、财产安全的合同义务，其中包括为赵某提供出入认证服务的合同义务。“经略公司”拒绝履行这一义务，属于违约，同时，“经略公司”继续为赵某提供刷卡出入验证服务，能够履行，履行费用适当，根据《使用人脸识别技术处理个人信息规定》第10条第1款以及《民法典》第580条第1款的规定，赵某有权请求“经略公司”承担实际履行的违约责任，对赵某恢复提供刷卡出入验证的服务。

【答案】**应予支持。理由在于：第一，根据《民法典》第942条的规定，基于物业服务合同，“经略公司”对赵某负有维护物业服务区域内的基本秩序，保护业主的人身、财产安全的合同义务，其中包括为赵某提供出入认证服务的合同义务。第二，“经略公司”继续为赵某提供刷卡出入验证服务，能够履行，履行费用适当，根据《使用人脸识别技术处理个人信息规定》第10条第1款以及《民法典》第580条第1款的规定，赵某有权请求“经略公司”承担实际履行的违约责任，对赵某恢复提供刷卡出入验证的服务。**

第五题

案情：

【1】2021年3月1日，甲公司与乙公司订立《买卖合同》约定：“①甲公司向乙公司出售B型钢板100吨，价款500万元。②甲公司于2021年5月1日一次性交付全部钢材；乙公司于2021年5月15日一次性支付全部价款。③乙公司迟延支付价款的，迟延一日，支付违约金5000元。”《买卖合同》未作其他约定。《买卖合同》订立后，直到2021年6月1日，双方均未履行合同义务亦未提出履行。2021年6月5日，甲公司于诉讼外请求乙公司支付迟延履行的违约金（自2021年5月16日起至实际履行之日止，每日5000元），乙公司表示拒绝。

【2】2021年6月10日，乙公司以甲公司为被告诉至法院，提出两项诉讼请求。诉讼请求（一）：请求判令甲公司履行按约交付钢材的合同义务。诉讼请求（二）：请求判令甲公司承担本案的全部诉讼费用。乙公司起诉后，仍未向甲公司履行支付价款的义务，亦未提出履行。诉讼中，甲公司以乙公司未履行支付价款的义务为由提出抗辩。

【3】丙公司与丁公司（主营业务为职业教育培训）订立《租赁合同》约定：“丙公司将其A房屋出租给丁公司，租期自2020年3月2日至2025年3月1日，租金每月3万元。丁公司以其B车抵押担保租金支付义务的履行。抵押期间，未经丙公司同意，丁公司不得转让抵押的B车。”《租赁合同》订立后，丙公司向丁公司交付了A房屋，丁公司为丙公司办理了B车的抵押登记，同时，还将禁止转让B车的约定办理了登记。

【4】经丙公司事先同意，丁公司与戊公司订立《转租合同》约定：“丁公司将A房屋转租给戊公司，租期自2021年3月2日至2025年3月1日，租金每月3.4万元。”《转租合同》订立后，丙公司向戊公司交付了A房屋。2021年8月1日，未经丙公司同意，丁公司将B车以市价出卖给己公司并完成现实交付。后，因丁公司未向丙公司支付按约已经到期的半年租金，丙公司于是通知丁公司在收到通知后15日内支付，否则双方的A房屋租赁合同解除，通知于2021年11月1日到达丁公司。戊公司知情后，于2021年11月5日向丙公司提出代为履行丁公司对丙公司的到期租金支付义务，丙公司拒绝受领，戊公司于当日以代为履行该到期租金支付义务的意思向公证机关提存了相应数额的金钱。后，直到2021年11月16日，丁公司一直未向丙公司履行支付租金的义务，2021年11月17日，丙

公司对戊公司主张返还原物请求权，请求戊公司将A房屋返还给丙公司。

问题：

1. 2021年6月5日，乙公司拒绝向甲公司支付迟延履行的违约金，是否有理由？为什么？

【考点】顺序履行抗辩权

【解析】①《民法典》第526条规定：“当事人互负债务，有先后履行顺序，应当先履行债务一方未履行的，后履行一方有权拒绝其履行请求。先履行一方履行债务不符合约定的，后履行一方有权拒绝其相应的履行请求。”

②甲未履行应当先履行的交付钢材的对待给付义务，根据《民法典》第526条的规定，乙享有顺序履行抗辩权。乙享有的顺序履行抗辩权具有存在的效力，乙没有履行于2021年5月15日到期的支付价款的对待给付义务，不属于迟延履行，不成立违约，乙无须对甲承担支付违约金的责任。

【答案】有理由。因为，甲、乙间的买卖合同，按照约定甲应当先履行对待给付义务，甲未履行对待给付义务，根据《民法典》第526条的规定，乙享有顺序履行抗辩权。乙享有的顺序履行抗辩权具有存在的效力，乙未遵期向甲履行价款支付义务的，不属于违约，不属于迟延履行。

2. 针对乙公司于2021年6月10日提起的诉讼请求（一），甲公司的抗辩是否成立？为什么？

【考点】同时履行抗辩权

【解析】①甲应当先履行交付钢材的对待给付义务，但是，甲并无证据证明应当后履行对待给付义务的乙存在不安抗辩事由，根据《民法典》第527条的规定，甲不享有不安抗辩权，因此，甲的这一抗辩不属于主张不安抗辩权的抗辩。

②甲应当先履行交付钢材的对待给付义务，根据《民法典》第526条的规定，甲不享有顺序履行抗辩权，因此，甲的这一抗辩不属于主张顺序履行抗辩权的抗辩。

③《民法典》第525条规定：“当事人互负债务，没有先后履行顺序的，应当同时履行。一方在对方履行之前有权拒绝其履行请求。一方在对方履行债务不符合约定时，有权拒绝其相应的履行请求。”甲应当先履行交付钢材的对待给付义务，根据《民法典》第525条的规定，甲不享有同时履行抗辩权。这样，针对乙提起的诉讼请求（一），似乎法院应当判决乙无条件胜诉，即判决甲无条件地向乙履行交付钢材的义务，在甲、乙

直到2021年6月10日均不履行对待给付义务的前提下，这会导致甲、乙对待给付义务履行状态上的失衡，有违双务合同对待给付义务履行上的牵连性。根据通说观点，造成这一局面的原因，是因为规定同时履行抗辩权的《民法典》第525条的字面含义过窄（规定成立同时履行抗辩权仅限于双方履行对待给付义务无先后顺序的情形），不能体现立法者规定同时履行抗辩权的立法意旨，《民法典》第525条存在隐藏漏洞，法院应当通过目的性限缩的解释方法填补该漏洞，解释确定为：2021年6月10日，甲享有同时履行抗辩权，针对乙提起的诉讼请求（一），甲的抗辩属于主张同时履行抗辩权的抗辩。

【答案】甲的抗辩成立。理由有二：第一，甲应当先履行交付钢材的义务，甲未提供证据证明乙存在不安抗辩事由，针对乙提起的诉讼请求（一），甲不享有不安抗辩权，当然，甲也不享有顺序履行抗辩权。第二，甲应当先履行交付钢材的义务，根据《民法典》第525条的规定，甲不享有同时履行抗辩权。这样，在甲、乙直到2021年6月10日均不履行对待给付义务的前提下，针对乙提起的诉讼请求（一），似乎法院应当判决乙无条件胜诉，这会导致甲、乙对待给付义务履行状态上的失衡，有违双务合同对待给付义务履行上的牵连性。根据通说观点，造成这一局面的原因，是因为规定同时履行抗辩权的《民法典》第525条的字面含义过窄（规定成立同时履行抗辩权仅限于双方履行对待给付义务无先后顺序的情形），不能体现立法者规定同时履行抗辩权的立法意旨，《民法典》第525条存在隐藏漏洞，法院应当通过目的性限缩的解释方法填补该漏洞，解释确定为：2021年6月10日，甲享有同时履行抗辩权，针对乙提起的诉讼请求（一），甲的抗辩属于主张同时履行抗辩权的抗辩。

3. 针对乙公司于2021年6月10日起诉中主张的诉讼请求（一），甲公司以乙公司未履行支付价款的义务为由提出抗辩，法院应如何判决？为什么？

【考点】同时履行判决

【解析】①《民法典合同编通则部分解释》第32条第2款规定：“当事人一方起诉请求对方履行债务，被告依据民法典第五百二十五条主张双方同时履行的抗辩且抗辩成立，被告未提起反诉的，人民法院应当判决被告在原告履行债务的同时履行自己的债务，并在判项中明确原告申请强制执行的，人民法院应当在原告履行自己的债务后对被告采取强制执行措施；被告提起反诉的，人民法院应当判决双方同时履行自己的债务，并在判项中明确任何一方申请强制执行的，人民法院应当在该当事人履行自己的债务后对对方采取强制执行措施。”

② 2021 年 6 月 10 日，乙在诉讼中主张诉讼请求（一），即请求判令甲公司履行按约交付钢材的合同义务，被告甲享有并主张同时履行抗辩权，根据通说观点并按照《民法典合同编通则部分解释》第 32 条第 2 款规定的裁判思路，法院应当作出同时履行判决，即判决“被告甲在原告乙履行支付价款的对待给付义务的同时履行交付钢材的义务”，并在判项中明确“原告乙胜诉的生效给付判决之强制执行力的获得以乙履行对待给付义务为生效条件”。

【答案】法院应当作出同时履行判决。理由在于：乙诉请甲交付钢材时，因乙未履行支付价款的义务，根据通说观点，甲享有同时履行抗辩权，甲主张同时履行抗辩权的，甲享有的同时履行抗辩权能够产生行使的效力，法院应当作出同时履行判决，即判决“被告甲在原告乙履行支付价款的对待给付义务的同时履行交付钢材的义务”，并在判项中明确“原告乙胜诉的生效给付判决之强制执行力的获得以乙履行对待给付义务为生效条件”。

4. 针对乙公司于 2021 年 6 月 10 日起诉中主张的诉讼请求（二），甲公司以乙公司未履行支付价款的义务为由提出抗辩，法院应否判决支持？为什么？

【考点】同时履行判决

【解析】① 2021 年 6 月 10 日，乙在诉讼中主张诉讼请求（二），即请求判令甲公司承担本案的全部诉讼费用，被告甲享有并主张同时履行抗辩权，法院应当作出同时履行判决。根据通说，法院作出同时履行判决，属于被告甲败诉的判决，全部诉讼费用应当由甲公司承担。

②法院作出同时履行判决的诉讼，属于被告甲公司被诉的诉讼，全部诉讼费用由甲公司承担，这是基于三方面的考虑：第一，激励一方主动起诉，打破僵局；第二，原告的主张（附条件地）得到支持，不能说乙败诉；第三，甲主张同时履行抗辩权，仅生暂停执行判决的效力（乙胜诉的生效判决获得强制执行力以乙履行对待给付义务为生效条件），并非否定了乙的请求。

【答案】法院应当判决支持。理由在于：依照通说观点，法院作出同时履行判决，属于被告甲败诉的判决，全部诉讼费用应当由被告甲承担。这是基于以下考虑：第一，激励一方主动起诉，打破僵局；第二，原告乙的主张（附条件地）得到支持，不能说乙败诉；第三，甲主张同时履行抗辩权，仅生暂停执行判决的效力（乙胜诉的生效判决获得强制执行力以乙履行对待给付义务为生效条件），并非否定了乙的请求。

5. 2021年11月17日，丙公司就A房屋对戊公司主张的返还原物请求权，是否成立？为什么？

【考点】有法律上利害关系第三人的代为清偿请求权

【解析】①《民法典》第722条规定："承租人无正当理由未支付或者迟延支付租金的，出租人可以请求承租人在合理期限内支付；承租人逾期不支付的，出租人可以解除合同。"丙与丁的A房屋租赁合同的租赁期限内，若承租人丁不支付到期租金，且经过催告后经过合理期间仍未支付，根据《民法典》第722条的规定，甲因此享有法定解除权，甲有权解除丙、丁间的A房屋租赁合同。

②《民法典》第524条第1款规定："债务人不履行债务，第三人对履行该债务具有合法利益的，第三人有权向债权人代为履行；但是，根据债务性质、按照当事人约定或者依照法律规定只能由债务人履行的除外。"《民法典》第719条第1款规定："承租人拖欠租金的，次承租人可以代承租人支付其欠付的租金和违约金，但是转租合同对出租人不具有法律约束力的除外。"《民法典》第719条第2款规定："次承租人代为支付的租金和违约金，可以充抵次承租人应当向承租人支付的租金；超出其应付的租金数额的，可以向承租人追偿。"

③经过出租人丙的同意，丁转租给戊，属于合法转租。在丙、丁以及丁、戊的租期内，虽然戊仅系基于承租权这一债权对A房屋成立有权占有，但是，戊不仅对其债务人丁成立有权占有，基于有权占有的连续，戊还对A房屋的所有权人丙成立有权占有，就A房屋，丙对戊不享有《民法典》第235条规定的返还原物请求权。但是，若丁不对丙支付到期租金并且经催告后经过合理期间仍未支付，若丙行使《民法典》第722条规定的法定解除权解除丙、丁间的A房屋租赁合同，相对于A房屋的所有权人丙，戊对A房屋的占有即由原来的基于有权占有连续的有权占有变更为无权占有，就A房屋，丙对戊享有《民法典》第235条规定的返还原物请求权。若丁对丙的到期租金支付义务于合理期限内获得清偿，丙即不享有《民法典》第722条规定的法定解除权。因此，在该合法转租关系中，对丁对丙到期租金支付义务的清偿，次承租人戊具有法律上的利害关系，根据《民法典》第524条第1款以及《民法典》第719条第1款的规定，戊享有代为清偿请求权。

④享有代为清偿请求权的戊向债权人丙提出代为清偿丁对丙的到期租金支付义务时，丙应当受领。丙拒绝受领的，属于无正当理由拒绝受领，

根据《民法典》第570条第1款的规定，戊有权向公证机关提存，自戊向公证机关提存相应数额金钱时，丁对丙的到期租金支付义务因有法律上利害关系第三人戊的代为清偿而消灭，因此，丙不再享有《民法典》第722条规定的法定解除权。2021年11月1日到达丁的通知发生解除丙、丁间A房屋合同的效力。就A房屋，丙对戊不享有返还原物请求权。

【答案】不成立。理由在于：第一，丁、戊的租赁属于合法转租，在约定的租期内，相对于A房屋的所有权人丙，戊对A房屋的占有属于基于有权占有连续的有权占有，在丙、丁以及丁、戊的租期内，丙对戊不享有返还原物请求权。第二，若丙不支付到期租金，经催告后经过合理期限仍未支付的，根据《民法典》第722条的规定，丙享有法定解除权，丙行使法定解除权解除丙、丁的租赁合同后，相对于丙，戊对A房屋的占有变更为无权占有，丙对戊享有返还原物请求权，因此，对丁对丙的到期租金支付义务的清偿，戊拥有法律上的利害关系，根据《民法典》第524条第1款以及《民法典》第719条第1款的规定，戊享有代为清偿请求权，戊提出代为清偿时，丙拒绝受领的，根据《民法典》第570条第1款的规定，戊有权提存，自戊提存时，丙对丁的到期租金支付义务因有法律上利害关系第三人戊的代为清偿而消灭。就A房屋，丙对戊不享有返还原物请求权。

6. 戊是否有权对己公司受让的B车行使抵押权？为什么？

【考点】有法律上利害关系第三人代为清偿后的代位求偿权；抵押财产的转让

【解析】①《民法典》第404条规定："以动产抵押的，不得对抗正常经营活动中已经支付合理价款并取得抵押财产的买受人。"丙对B车享有登记的动产抵押权期间，抵押人丁将抵押的动产以市价出卖给己公司并已经完成现实交付，但是，根据《民法典担保制度解释》第56条的规定，抵押人丁作为主营业务为职业教育培训的机构，将抵押动产B车出卖给己公司，属于抵押人丁的异常经营活动，不属于抵押人丁的正常经营活动，不适用《民法典》第404条规定的正常经营活动买受人规则，转让给己公司的B车未解除动产抵押关系。

②《民法典担保制度解释》第43条第2款规定："当事人约定禁止或者限制转让抵押财产且已经将约定登记，抵押人违反约定转让抵押财产，抵押权人请求确认转让合同无效的，人民法院不予支持；抵押财产已经交付或者登记，抵押权人主张转让不发生物权效力的，人民法院应予支持，但是因受让人代替债务人清偿债务导致抵押权消灭的除外。"抵押人丁与抵押权人丙约定了禁转约定，且将禁转约定于登记机关办理了登记，抵

押期间，未经抵押权人丙的同意，抵押人丁将抵押财产B车转让给己公司，由于己公司未行使涤除权，根据《民法典担保制度解释》第43条第2款的规定，无论己公司受让时善意还是恶意，己公司均不能取得B车的所有权，B车仍归抵押人丁所有，丙仍对B车享有登记的动产抵押权。

③《民法典》第524条第2款规定："债权人接受第三人履行后，其对债务人的债权转让给第三人，但是债务人和第三人另有约定的除外。"《民法典》第547条第1款规定："债权人转让债权的，受让人取得与债权有关的从权利，但是该从权利专属于债权人自身的除外。"《民法典》第547条第2款规定："受让人取得从权利不因该从权利未办理转移登记手续或者未转移占有而受到影响。"据此，戊行使代为清偿请求权，代为清偿丁对丙到期租金支付义务后，戊不仅享有追偿权，有权向丁追偿，戊还享有代位求偿权，取得对丁B车的抵押权。

【答案】有权。理由有三：第一，根据《民法典担保制度解释》第56条的规定，抵押人丁作为主营业务为职业教育培训的机构，将抵押动产B车出卖给己公司，属于抵押人丁的异常经营活动，不属于抵押人丁的正常经营活动，不适用《民法典》第404条规定的正常经营活动买受人规则，转让给己公司的B车未解除动产抵押关系。第二，丁公司将B车抵押给丙公司，约定了禁转约定，并且已经在登记机关将禁转约定办理了登记，抵押期间，抵押人将B车转让给己公司，由于己公司未行使涤除权，根据《民法典担保制度解释》第43条的规定，无论己公司受让B车交付时是否知道禁转约定，己公司均不能取得B车的所有权，B车仍归抵押人丁公司所有。第三，戊公司作为有法律上利害关系的第三人，在代为清偿了丙对丁的租金支付义务后，根据《民法典》第524条第2款的规定，戊享有代位求偿权，依法取得丙对丁的半年到期租金债权，同时基于抵押权移转上的从属性，一并取得丙对丁B车的抵押权。

第六题

案情：【1】3月1日，甲公司在其经营的网店发布新广告载明："本店自3月1日起出售myPhone 12 pro手机，256G内存，每部12000元。保证供货，本广告长期有效。所售手机均由生产商丙公司直接供货。"考虑到可能会出现货源紧张，甲还同时发布了引人注目的"特别声明"："在本店下单购买myPhone 12 pro手机的，买卖合同成立的时间为本店将出售的手机交付快递物流公司运交买受人之时，而非买受人提交订单成功之时。"

甲通过技术措施安排，不点击同意“特别声明”则不能下单购买。

【2】3月5日晚，刚举办完自己三十岁生日酒宴的赵某（酒宴上高朋满座，觥筹交错，赵某痛饮数杯，兴意盎然，飘飘欲仙）乘着醉意通过手机前后分别两次下单在甲的网店购买了两部 myPhone 12 pro 256G 内存的手机（下单前，赵某点击同意了甲网店上的“特别声明”）。下单的同时，赵某“支付宝”账户上被扣款24000元。

【3】3月15日，见甲仍未发货，赵某电话询问，甲告知：“货源紧缺，少安毋躁，耐心等待。”赵某怒怼道：“我就是喝醉酒还想着在你们店下单购买手机，如同老鼠爱大米，你们快点发货！我等得花儿都快谢了！”甲回怼道：“醉酒时下单，你当时属于无或者限制民事行为能力人，即使手机买卖合同成立，亦属无效或者效力未定。果真如此，你没有权利催促发货。”

【4】3月25日，赵某通过“阿里旺旺”催告，甲称5天内发货。甲同时提出：“手机运交给赵某后，赵某须于收货的当日就手机存在的瑕疵检验并提出异议，赵某确认收货且未提出异议的，视为出售的手机不存在瑕疵。”对此，赵某表示同意。双方同意以此次在“阿里旺旺”中的留言为据。

【5】3月30日，甲将分别包装的两部 myPhone 12 pro 256G 内存的手机交给乙公司（全称“乙路顺风快递公司”，系甲签约长期合作的快递公司）运交赵某。3月31日，运输途中一部手机被盗（一直没有破案）。4月1日，乙公司将另一部手机送至赵某家中，赵某对该部手机当面查验无误后，确认签收（未对甲公司提出任何异议）。当日，赵某通知甲，另一部手机运输途中被盗，自己未收到货物，要求甲重新发货，若甲不同意重新发货须退还全部货款，甲以手机被盗的风险应由赵某承担为由拒绝重新发货。

【6】6月1日，因一项新的电路布图技术问世，myPhone 12 pro 手机的制造商丙公司发现，丙公司制造的 myPhone 12 pro 手机存有当初意想不到的设计缺陷，因该设计缺陷，一小部分 myPhone 12 pro 手机充电时存在电池爆炸伤人的危险。但出于竞争方面的考虑，丙公司决定暂不公开披露该事实，是否采取召回等措施再作决定。甲公司知情后，亦未采取任何措施。

【7】7月1日，赵某边充电边使用自甲网店购买、于4月1日收货的 myPhone 12 pro 手机时，该手机电池爆炸，致赵某左手重伤，右手及面部轻微伤。查明原因后，赵某立即于7月5日以甲公司为被告提起诉讼，提

出三项诉讼请求。诉讼请求（一）：请求以甲公司交付商品质量严重不合格构成根本违约为由判令解除赵某与甲公司的手机买卖合同，返还价款及相应的利息。诉讼请求（二）：请求判令甲公司就手机电池爆炸给赵某造成的人身损害承担违约损害赔偿责任，包括财产损害赔偿与精神损害赔偿。诉讼请求（三）：请求判令甲公司对赵某承担惩罚性损害赔偿责任。

问题：

1. 3月5日，赵某在甲网店下单购买两部 myPhone 12 pro 手机，赵某“支付宝”账户上同时被扣款 24000 元之时，赵某与“支付宝”之间成立何种内容的民事法律关系？甲公司与“支付宝”之间成立何种内容的民事法律关系？

【考点】电子商务；第三方支付平台

【解析】①电子商务交易价金托管支付，是指在网络交易平台进行交易活动，消费者委托网络交易平台（或者第三方支付平台）对价金按照约定方式进行托管（托收），并在条件成就时将价金支付给销售者、服务提供者所形成的民事权利义务关系。

②《民法典》第 888 条第 1 款规定：“保管合同是保管人保管寄存人交付的保管物，并返还该物的合同。”赵某与“支付宝”之间成立电子商务交易价金托管支付关系，在法律关系的定性以及法律适用上，可以类推适用法律关于保管合同的规定，即认定赵某与“支付宝”之间成立了一个“向第三人履行的保管合同”，其中保管人为“支付宝”，寄存人为赵某，利益第三人为甲公司。

③《民法典》第 919 条规定：“委托合同是委托人和受托人约定，由受托人处理委托人事务的合同。”甲公司与“支付宝”之间成立电子商务交易价金托管支付关系，在法律关系的定性以及法律适用上，可以类推适用法律关于委托合同的规定，即认定甲公司与“支付宝”之间成立了一个委托合同，其中委托人为甲公司，受托人为“支付宝”。该委托合同系有偿合同，因为在买受人赵某确认收货（或者视为已经确认收货）、“支付宝”将代为收取的 24000 元价金转入甲公司账户之时，“支付宝”有权按照约定收取一定比例的报酬。

【答案】①赵某与“支付宝”之间成立电子商务交易价金托管支付关系。其核心内容是赵某委托“支付宝”保管 24000 元价金，在买受人赵某确认收货（或者视为已经确认收货）时，“支付宝”将保管的 24000 元价金支付给出卖人甲公司，相反，如果交易失败或者因其他原因导致买受人赵某退货的，“支付宝”将保管的 24000 元价金返还给买受人赵某。②甲公司与“支付宝”之间成立电子商务交易价金托管支付关系。其核心内容是甲公司委托“支付宝”代为收取24000元价金，在买受人赵某确认收货（或者视为已经确认收货）时，“支付宝”将代为收取的24000元价金转入甲公司账户，“支付宝”有权按照约定向甲公司收取一定比例的报酬。

2. 3月15日，甲公司认为，赵某于醉酒状态下下单购买手机时，属无、限制民事行为能力人，即使买卖合同成立，亦属无效或者效力待定。对此观点，依照现行法应作何评价？理由为何？

【考点】电子商务；民事行为能力

【解析】①《民法典》第21条第1款规定：“不能辨认自己行为的成年人为无民事行为能力人，由其法定代理人代理实施民事法律行为。”《民法典》第22条规定：“不能完全辨认自己行为的成年人为限制民事行为能力人，实施民事法律行为由其法定代理人代理或者经其法定代理人同意、追认；但是，可以独立实施纯获利益的民事法律行为或者与其智力、精神健康状况相适应的民事法律行为。”所谓“不能辨认自己行为”或者“不能完全辨认自己行为”，指因物理伤害、疾病等原因造成的自由意思形成“持久地被排除”的状态（如因“病理性醉酒”致使持续性处于不能辨认或者不能完全辨认自己行为的状态），并不包括醉酒、吸毒等暂时性的智识上的耗弱状态。因此，一次性的醉酒不影响赵某的民事行为能力。

②《德国民法典》第105条第2款规定：“在丧失知觉或者暂时的精神错乱的状态下做出的意思表示亦无效。”其规范内容是此种暂时性的智识耗弱状态，虽然不影响民事行为能力，但是，于“丧失知觉”或者“暂时性精神错乱”的状态下做出的表达、举动、动作，不能被认定为具有“行为意思”与“效果意思”，从而不成立意思表示（法条的措辞为“无效”）。我国现行法没有相同或类似的规定，存有制定法上的漏洞，但通过法律漏洞填补应作同样处理。根据案情，赵某订立买卖合同时虽处于醉酒状态，但尚未达到“丧失知觉”或者“暂时性精神错乱”的程度，其于醉酒时订立的手机买卖合同不能因为醉酒认定为无效或者效力待定。

③《电子商务法》第48条第2款规定：“在电子商务中推定当事人具有相应的民事行为能力。但是，有相反证据足以推翻的除外。”据此，在电子商务交易中，赵某被推定为享有与订立手机买卖合同相应的民事行为能力。

【答案】①甲公司主张处于醉酒状态的赵某属无、限制民事行为能力人，所订立手机买卖合同无效或者效力待定，依照现行法的规定，这一观点不成立。②理由有三：第一，依照《电子商务法》第48条的规定，在电子商务中，推定当事人具有相应的民事行为能力；第二，只有因为物理伤害、疾病等原因使成年人处于持续性不能辨认或者不能完全辨认自己行为的状态（如“病理性醉酒”），则该成年人因此属于无、限制民事行为能力人；若醉酒仅造成成年人一时性（暂时性）智识耗弱状态（“生理性醉酒”），则醉酒的状态不影响该成年人的民事行为能力；第三，若生理性醉酒使成年人暂时丧失知觉或者暂时精神错乱，该成年人于此种状态下所实施的民事法律行为无效，但赵某于购买手机时并未处于此种状态。

3. 3月5日、3月25日和3月30日这三个时间点，何者为赵某与甲公司两部 myPhone 12 pro 手机买卖合同成立的时间？为什么？

【考点】电子合同的成立时间

【解析】①《民法典》第473条第1款规定：“要约邀请是希望他人向自己发出要约的表示。拍卖公告、招标公告、招股说明书、债券募集办法、基金招募说明书、商业广告和宣传、寄送的价目表等为要约邀请。”《民法典》第473条第2款规定：“商业广告和宣传的内容符合要约条件的，构成要约。”《民法典》第472条规定：“要约是希望与他人订立合同的意思表示，该意思表示应当符合下列条件：（一）内容具体确定；（二）表明经受要约人承诺，要约人即受该意思表示约束。”原《合同法解释（二）》[1]第1条第1款规定：“当事人对合同是否成立存在争议，人民法院能够确定当事人的名称或者姓名、标的和数量的，一般应当认定合同成立。但法律另有规定或者当事人另有约定的除外。”据此，除非法律另有规定或者当事人另有约定，合同的主要条款仅限于当事人、标的和数量。从而，旨在为订立买卖合同所发布的广告，除非法律另有规定或者当事人另有约定，只要包含标的与数量，且具有受拘束的意思，即应当认定为订立买卖合同之要约。本题中，甲公司于其网店发布的出售 myPhone 12 pro 手机的广告符合订立买卖合同之要约的全部构成要件，自甲公司公告形式作出之时生效，赵某取得承诺的资格。

②《民法典》第491条第2款规定：“当事人一方通过互联网等信息网络发布的商品或者服务信息符合要约条件的，对方选择该商品或者服务并提交订单成功时合同成立，但是当事人另有约定的除外。”《电子商务法》第49条第1款规定：“电子商务经营者发布的商品或者服务信息符合要约条件的，用户选择该商品或者服务并提交订单成功，合同成立。当事

[1] 《最高人民法院关于适用〈中华人民共和国合同法〉若干问题的解释（二）》，以下简称《合同法解释（二）》。

人另有约定的，从其约定。”据此，赵某选择所购商品（手机），提交订单成功时，承诺生效，赵某与甲公司的手机买卖合同成立并生效。

③《电子商务法》第49条第2款规定：“电子商务经营者不得以格式条款等方式约定消费者支付价款后合同不成立；格式条款等含有该内容的，其内容无效。”根据意思自治原则，赵某与甲公司可以约定双方手机买卖合同成立的时间，但是，根据《电子商务法》第49条第2款的规定，赵某与甲公司只能通过“个别协商条款”约定消费者提交订单成功以外的其他时间为手机买卖合同成立的时间，而不能通过“格式条款”约定消费者提交订单成功以外的其他时间为手机买卖合同成立的时间。本题中，赵某与甲公司通过格式条款约定赵某提交订单成功以外的其他时间（甲公司将出售的手机交付快递物流公司运交买受人之时）为手机买卖合同成立的时间，根据《电子商务法》第49条第2款的规定，该约定无效。

【答案】**赵某与甲公司两部myPhone 12 pro手机买卖合同成立的时间为3月5日。理由在于：甲公司于其网店发布的出售手机的广告符合订立买卖合同要约的构成要件，甲公司以公告形式作出之时生效，根据《民法典》第491条第2款的规定，消费者赵某提交订单成功时，承诺生效，手机买卖合同成立并生效。甲公司与赵某通过格式条款而非个别协商条款约定消费者（赵某）提交订单成功以外的其他时间（即甲公司将出售的手机交付快递物流公司运交买受人赵某之时）为手机买卖合同成立的时间，根据《电子商务法》第49条第2款的规定，该约定无效。**

4. 就甲公司与赵某的两部myPhone 12 pro手机买卖合同而言，甲公司向赵某交付所出售两部手机的交付地点与完成交付的时间，因双方未作明确约定，应如何确定？

【考点】**电子合同；合同漏洞填补规则**

【解析】①合同当事人应当约定而没有约定或者约定不明确的违反计划的不圆满性，为合同漏洞。合同漏洞的填补规则，是一个依次递进的三层次填补规则（上一步规则不能填补合同漏洞的，依照下一步的规则予以填补）：第一步，适用《民法典》第510条的规定；第二步，有名合同适用法律关于有名合同的规定，无名合同类推适用法律关于最相类似合同的规定；第三步，适用《民法典》第511条与第513条的规定。

②甲公司与赵某的两部myPhone 12 pro手机买卖合同，关于所出售手机的交付地点与已经完成交付的时间，双方未作约定，应当依照合同漏洞填补规则补充确定。第一步，适用《民法典》第510条的规定。《民法典》第510条规定：“合同生效后，当事人就质量、价款或者报酬、履行地点

等内容没有约定或者约定不明确的，可以协议补充；不能达成补充协议的，按照合同相关条款或者交易习惯确定。”根据题目交代的信息，不能通过适用《民法典》第510条的规定填补该合同漏洞。

③动产买卖合同，关于出卖人交付地点与完成交付时间的合同漏洞，不能依照《民法典》第510条的规定补充确定时，应当继续依照第二步的合同漏洞填补规则补充确定，即依照法律关于买卖合同的规定补充确定。须注意，对此，现行法规定了两个类型的合同漏洞填补规则：第一个类型，一般规则，即未通过电子合同订立动产买卖合同，适用《民法典》第603条第2款的规定。《民法典》第603条第2款规定：“当事人没有约定交付地点或者约定不明确，依据本法第五百一十条的规定仍不能确定的，适用下列规定：（一）标的物需要运输的，出卖人应当将标的物交付给第一承运人以运交给买受人；（二）标的物不需要运输，出卖人和买受人订立合同时知道标的物在某一地点的，出卖人应当在该地点交付标的物；不知道标的物在某一地点的，应当在出卖人订立合同时的营业地交付标的物。”第二个类型，特殊规则，即通过电子合同订立且采用快递物流方式交付的动产买卖合同，适用《民法典》第512条与《电子商务法》第51条第1款的规定。《民法典》第512条第1款规定，通过互联网等信息网络订立的电子合同的标的为交付商品并采用快递物流方式交付的，收货人的签收时间为交付时间。《民法典》第512条第3款规定：“电子合同当事人对交付商品或者提供服务的方式、时间另有约定的，按照其约定。”《电子商务法》第51条第1款规定，合同标的为交付商品并采用快递物流方式交付的，收货人签收时间为交付时间。《电子商务法》第51条第3款规定：“合同当事人对交付方式、交付时间另有约定的，从其约定。”本题中，甲公司与赵某通过电子商务订立动产买卖合同且采用快递物流方式交付，应当适用《民法典》第512条第1款与《电子商务法》第51条第1款的规定，因此，甲公司向赵某交付出售手机的交付地点为送货上门，甲公司向赵某完成交付手机的时间为赵某确认签收时。

【答案】就甲公司与赵某的两部手机买卖合同而言，甲公司向赵某交付所出售两部手机的交付地点与完成交付的时间，双方未作明确约定，存有合同漏洞，须依照合同漏洞填补规则补充确定。由于不能依照《民法典》第510条的规定补充确定，且甲公司与赵某通过电子商务订立动产买卖合同且采用快递物流方式交付，应当适用《民法典》第512条第1款与《电子商务法》第51条第1款的规定补充确定为：甲公司向赵某交付手机的交付地点为送货上门，完成交付的时间为赵某确认签收之时。

5. 3月31日乙公司运输途中被盗的那一部手机，赵某是否有权请求甲公司重新发货？若甲公司拒绝重新发货赵某是否有权请求甲公司退还全部货款？为什么？

【考点】电子合同；买卖合同的风险负担

【解析】①《民法典》第604条规定："标的物毁损、灭失的风险，在标的物交付之前由出卖人承担，交付之后由买受人承担，但是法律另有规定或者当事人另有约定的除外。"据此，甲公司与赵某的手机买卖合同，在甲公司向赵某交付出售的手机之前，价金风险由甲公司承担；甲公司向赵某交付出售的手机之后，价金风险由赵某承担。

②《民法典》第512条第1款规定："通过互联网等信息网络订立的电子合同的标的为交付商品并采用快递物流方式交付的，收货人的签收时间为交付时间。电子合同的标的为提供服务的，生成的电子凭证或者实物凭证中载明的时间为提供服务时间；前述凭证没有载明时间或者载明时间与实际提供服务时间不一致的，以实际提供服务的时间为准。"《电子商务法》第51条第1款规定："合同标的为交付商品并采用快递物流方式交付的，收货人签收时间为交付时间。合同标的为提供服务的，生成的电子凭证或者实物凭证中载明的时间为交付时间；前述凭证没有载明时间或者载明时间与实际提供服务时间不一致的，实际提供服务的时间为交付时间。"《电子商务法》第20条规定："电子商务经营者应当按照承诺或者与消费者约定的方式、时限向消费者交付商品或者服务，并承担商品运输中的风险和责任。但是，消费者另行选择快递物流服务提供者的除外。"如前所述，甲公司与赵某未约定交付地点，但双方通过电子商务订立动产买卖合同且采用快递物流方式交付，根据合同漏洞填补规则，甲公司向赵某交付手机的交付地点为送货上门，完成交付的时间为赵某确认签收之时。甲公司将出售的手机交付给快递物流公司乙公司运输过程中，手机被盗（一直未破案），应当由甲公司承担价金风险。甲公司应当重新发货；甲公司拒绝重新发货的，赵某有权请求甲公司返还全部价款。

【答案】赵某有权请求甲公司重新发货，若甲公司拒绝重新发货，赵某有权请求甲公司退还全部货款。理由在于：甲公司与赵某的手机买卖合同，根据《民法典》第604条的规定，在甲公司完成手机交付之前，价金风险由甲公司承担，在甲公司完成手机交付之后，价金风险由赵某承担。甲公司与赵某未约定交付地点，但双方通过电子商务订立动产买卖合同且采用快递物流方式交付，根据合同漏洞填补规则，甲公司向赵某交付手机的交付地点为送货上门，完成交付的时间为赵某确认签收之时。甲公司将出售的手机交付给快递物流公司乙公司运输过程中，手机被盗（一直未破案），应当由甲公司承担价金风险。

6. 针对赵某7月5日起诉的诉讼请求（一）（“请求以甲公司交付商品质量严重不合格为由判令解除赵某与甲公司的手机买卖合同，甲公司向赵某返还价款及相应的利息”），若甲公司以双方于3月25日通过“阿里旺旺”达成的协议（“手机运交给赵某后，赵某须于收货的当日就手机存在的瑕疵检验并提出异议，赵某确认收货且未提出异议的，视为出售的手机不存在瑕疵”）为由提出抗辩，甲公司的这一抗辩理由是否成立？为什么？

【考点】买卖合同瑕疵异议期间；法定解除

【解析】①《民法典》第621条第1款规定：“当事人约定检验期限的，买受人应当在检验期限内将标的物的数量或者质量不符合约定的情形通知出卖人。买受人怠于通知的，视为标的物的数量或者质量符合约定。”《民法典》第622条第1款规定：“当事人约定的检验期限过短，根据标的物的性质和交易习惯，买受人在检验期限内难以完成全面检验的，该期限仅视为买受人对标的物的外观瑕疵提出异议的期限。”甲公司与赵某的手机买卖合同，约定了瑕疵的异议期间，即双方通过“阿里旺旺”约定赵某须于收货时检验瑕疵并提出异议，约定的瑕疵异议期间过短，根据《民法典》第622条第1款的规定，该约定仅适用于手机的外观瑕疵，不适用手机的隐蔽质量瑕疵。对该手机于交付时存在的隐蔽质量瑕疵，适用《民法典》第621条第2款规定的双重法定异议期间。

②《民法典》第621条第2款规定：“当事人没有约定检验期限的，买受人应当在发现或者应当发现标的物的数量或者质量不符合约定的合理期限内通知出卖人。买受人在合理期限内未通知或者自收到标的物之日起二年内未通知出卖人的，视为标的物的数量或者质量符合约定；但是，对标的物有质量保证期的，适用质量保证期，不适用该二年的规定。”充电时，手机电池因设计缺陷具有发生爆炸的危险，属于隐蔽的质量瑕疵。买受人赵某于发现后的合理期限内对出卖人甲公司提出异议，并且赵某于标的物交付之日起的2年内对出卖人甲公司提出异议，对该隐蔽质量瑕疵，买受人赵某遵循了法定的双重异议期间，赵某有权请求甲公司承担相应的违约责任。

③《民法典》第563条第1款规定：“有下列情形之一的，当事人可以解除合同：（一）因不可抗力致使不能实现合同目的；（二）在履行期限届满前，当事人一方明确表示或者以自己的行为表明不履行主要债务；（三）当

事人一方迟延履行主要债务，经催告后在合理期限内仍未履行；（四）当事人一方迟延履行债务或者有其他违约行为致使不能实现合同目的；（五）法律规定的其他情形。”4月1日，甲公司运交赵某的这一部手机，具有充电时发生爆炸的瑕疵，质量严重不合格，因此导致赵某订立该买卖合同的目的不能实现，构成根本违约，根据《民法典》第563条第1款第4项的规定，赵某享有法定解除权，有权通知甲公司解除该部手机买卖合同。

④《民法典》第566条第1款规定：“合同解除后，尚未履行的，终止履行；已经履行的，根据履行情况和合同性质，当事人可以请求恢复原状或者采取其他补救措施，并有权请求赔偿损失。”买卖合同属于非继续性合同，赵某行使法定解除权，通知甲公司解除该部手机买卖合同的，该买卖合同溯及自成立之日起终止，赵某有权请求甲公司返还价款及相应的利息。

【答案】甲公司提出的这一抗辩理由不成立。因为，虽然甲公司与赵某约定了对买卖手机瑕疵的异议期间，约定赵某须于收货时就全部瑕疵检验并提出异议，但双方约定的异议期间过短，根据标的物的性质和交易习惯，赵某在约定的异议期间内难以完成全面检验，根据《民法典》第622条第1款的规定，该约定仅适用于手机的外观瑕疵，对手机的隐蔽质量瑕疵，适用《民法典》第621条第2款规定的双重法定异议期间，对充电时电池爆炸这一隐蔽质量瑕疵，赵某于发现后的合理期间内对甲公司提出异议并且于手机交付之日起2年内提出异议，赵某有权请求甲公司承担相应的违约责任。同时，因甲公司交付的该部手机质量严重不合格，导致赵某订立合同目的不能实现，构成根本违约，根据《民法典》第563条第1款的规定，赵某享有法定解除权，赵某可通知甲公司解除手机买卖合同，并请求甲公司返还价款及相应的利息。

7. 针对赵某7月5日起诉的诉讼请求（二）（“请求判令甲公司就手机电池爆炸给赵某造成的人身损害承担违约损害赔偿责任，包括财产损害赔偿与精神损害赔偿”），若甲公司以赵某不得于提起的违约之诉中主张精神损害赔偿为由抗辩，甲公司的这一抗辩理由是否成立？为什么？

【考点】加害给付；精神损害赔偿

【解析】①《民法典》第186条规定：“因当事人一方的违约行为，损害对方人身权益、财产权益的，受损害方有权选择请求其承担违约责任或者侵权责任。”甲公司与赵某成立手机买卖合同，一方面，甲公司交付给赵某的手机不符合约定的质量（充电时电池爆炸），给赵某造成履行利益损害，成立违约；另一方面，因手机缺陷，造成赵某人身等固有利益的损害，成立产品侵权。甲公司的瑕疵履行构成加害给付，根据《民法典》第186条的规定，赵某有权对甲公司择一主张违约责任或者侵权责任。

②《民法典》第1183条第1款规定："侵害自然人人身权益造成严重精神损害的，被侵权人有权请求精神损害赔偿。"因甲公司交付的手机具有缺陷，赵某的健康权与身体权遭受损害，且遭受严重精神损害，就该人身损害，赵某除有权请求甲公司承担财产损害赔偿责任以外，根据《民法典》第1183条第1款的规定，赵某还有权主张精神损害赔偿。

③《民法典》第996条规定："因当事人一方的违约行为，损害对方人格权并造成严重精神损害，受损害方选择请求其承担违约责任的，不影响受损害方请求精神损害赔偿。"据此，对于因甲公司加害给付而遭受的严重人身权益损害后果，赵某即使选择对甲公司提起违约之诉，亦有权于对甲公司主张的违约之诉中主张精神损害赔偿。

【答案】**甲公司提出的这一抗辩理由不成立。理由在于：甲公司对赵某的瑕疵履行既成立违约，又成立产品侵权，构成加害给付，且给赵某造成健康权和身体权等人身权益严重损害的后果，若赵某选择对甲公司提起违约之诉，根据《民法典》第996条的规定，赵某有权在对甲公司的违约之诉中就遭受的严重人身损害后果主张精神损害赔偿。**

8. 赵某于7月5日起诉时所主张的诉讼请求（三）（"请求判令甲公司对赵某承担惩罚性损害赔偿责任"），根据现行法的规定，是否具有法律上的理由？为什么？

【考点】产品责任；惩罚性赔偿责任

【解析】①《民法典》第1206条第1款规定："产品投入流通后发现存在缺陷的，生产者、销售者应当及时采取停止销售、警示、召回等补救措施；未及时采取补救措施或者补救措施不力造成损害扩大的，对扩大的损害也应当承担侵权责任。"《民法典》第1206条第2款规定："依据前款规定采取召回措施的，生产者、销售者应当负担被侵权人因此支出的必要费用。"甲公司出售给赵某的手机，投入流通后，发现存在缺陷的，生产者（丙公司）、销售者（甲公司）负有法定的跟踪观察义务，应当及时采取停止销售、警示、召回等补救措施。未及时采取合理的补救措施，致使因该缺陷给受害人造成人身、财产损害的，违反跟踪观察义务的生产者、销售者应当承担相应的产品侵权责任。

②《民法典》第1207条规定："明知产品存在缺陷仍然生产、销售，

或者没有依据前条规定采取有效补救措施，造成他人死亡或者健康严重损害的，被侵权人有权请求相应的惩罚性赔偿。”甲公司（销售者）与生产者（丙公司）未及时履行跟踪观察义务，对赵某因产品缺陷遭受的损害，甲公司、丙公司应当承担产品侵权责任。并且，赵某因产品缺陷健康权遭受严重损害，因此，在赵某对甲公司提起的违约之诉中，赵某不仅有权请求甲公司承担补偿性损害赔偿责任，还有权请求甲公司承担惩罚性赔偿责任。

【答案】赵某请求甲公司承担惩罚性赔偿责任的诉讼请求，具有法律上的理由。理由在于：甲公司出售给赵某的手机，在投入流通后发现具有缺陷，根据《民法典》第1206条的规定，甲公司作为销售者负有及时采取停止销售、警示、召回等补救措施的法定义务，甲公司未履行该法定义务，致使该缺陷给赵某造成健康权遭受严重损害的后果，根据《民法典》第1207条的规定，赵某不仅有权请求甲公司承担全部的补偿性损害赔偿责任，还有权请求甲公司承担惩罚性赔偿责任。

第七题

案情：

【1】在甲公司开发“拓然山庄”A商品楼的过程中，甲公司、乙银行与丙公司订立《三方借款担保协议》约定：“①甲公司向乙银行借款3000万元，借期1年，自2021年3月2日至2022年3月1日，按8%的年利率支付利息。②甲公司以其正在建造的A楼抵押担保甲公司对乙银行的全部借款债务。③丙公司以其B楼抵押担保甲公司对乙银行的全部借款债务。”《三方借款担保协议》未作其他约定。《三方借款担保协议》订立的当日，甲公司为乙银行办理了A楼抵押的预告登记，丙公司为乙银行办理了B楼的抵押登记。后乙银行按约向甲公司提供了借款。

【2】2021年9月1日，乙银行将其基于《三方借款担保协议》对甲公司享有的借款债权全部转让给了丁银行，债权转让通知于2021年9月5日到达甲公司与丙公司。但甲公司一直未给丁银行办理A楼抵押预告登记的变更登记，丙公司也一直未给丁银行办理B楼抵押登记的变更登记。2022年2月1日，甲公司办理完毕A楼所有权的初始登记。甲公司一直未给乙银行（或者丁银行）办理A楼抵押的本登记。2022年3月2日，甲公司通知丁银行，因资金链断裂，无力偿还到期借款。

【3】2022年2月5日，甲公司与戊物业服务公司（以下简称“戊公

司”）订立《物业服务合同》约定：“戊公司为甲公司开发的‘拓然山庄’小区提供物业服务，为期3年，自2022年3月1日至2025年2月28日。”由于“拓然山庄”小区所有的房屋户型相同，面积相同，符合赵某一贯秉持的“业主平等”理念，赵某于2022年2月10日购买了“拓然山庄”A楼2单元1808号房。甲公司向赵某交付了房屋，但一直未给赵某办理过户登记。

【4】2022年3月1日，戊公司在“拓然山庄”小区多处张贴海报载明：“为增进物业服务体验，戊公司承诺，自2022年3月2日至2023年3月1日，小区业主装修房屋期间，戊公司免费将业主购买的装修材料自楼下搬运至装修房屋内。”2022年4月1日，赵某请求戊公司帮忙搬运自己购买的装修材料时，戊公司以赵某尚未办理A楼2单元1808号房的过户登记、赵某不属于业主为由拒绝。

【5】2022年6月1日，“拓然山庄”小区召开首届业主大会，选举产生了业主委员会，赵某当选为业主委员会主任。业主装修期间，不少业主将装修垃圾抛掷到楼下，几次险些砸伤路过的行人。2022年6月10日，戊公司与己公司订立《委托合同》约定：“戊公司委托己公司履行清理‘拓然山庄’小区垃圾的义务以及防范小区业主高空抛物、坠物的义务。”《委托合同》订立后，因人手不够（己公司拖欠工资导致员工辞职），己公司一直未履行合同义务。

【6】2022年7月1日，业主钱某将装修垃圾抛掷至楼下时，将路过的业主孙某砸成重伤。孙某于是诉至法院。诉讼中，戊公司以“已将防范高空抛物的合同义务委托给己公司履行”为由抗辩，主张自己无须承担责任。法院在审理中查明：①依照现行法的规定，孙某有权获得总额为80万元的损害赔偿；②钱某因购买房屋及花钱装修，暂时只能承担30万元的损害赔偿责任；③己公司暂时亦无力承担任何赔偿责任。

【7】2022年11月1日，“拓然山庄”小区业主召开业主大会就选聘庚物业服务公司（以下简称“庚公司”）进行表决。甲公司开发的“拓然山庄”小区共计500套房屋，已经出售并交付了300套（分别卖给不同的人），尚有200套未出卖交付。参加业主大会表决的除甲公司外，还有其他270名业主。表决结果为：甲公司不同意选聘庚公司，其他270名业主中，260名业主同意选聘庚公司，10名业主不同意选聘庚公司。

【8】一次宴会上，赵某依仗业委会主任的身份仗势欺人，对钱某实施辱骂，钱某因此怀恨在心。钱某掌握赵某的活动轨迹后，与好友李某、周某密谋报复赵某。2022年12月1日晚上九点多，钱某、李某、周某埋伏

在小区绿化带中，等赵某路过时，钱某、李某和周某各按约向赵某扔了几块砖头，其中一块砖头将赵某砸伤。见赵某已被砸伤，钱某、李某和周某分头跑开，但赵某仍然认出了钱某的身影。钱某被刑拘后，交代了另外两个加害人李某与周某。赵某于是以钱某、李某和周某为共同被告诉至法院，请求三人对自己遭受的人身损害承担连带侵权责任。在诉讼中，法院经钱某申请调取的小区物业监控录像证明，砸中赵某的砖头系周某所扔。

问题：

1. 2021 年 9 月 1 日，丁银行是否取得对 A 楼的抵押预告登记和对 B 楼的抵押权？为什么？

【考点】担保物移转上的从属性

【解析】①《民法典》第 547 条第 1 款规定："债权人转让债权的，受让人取得与债权有关的从权利，但是该从权利专属于债权人自身的除外。"《民法典》第 547 条第 2 款规定："受让人取得从权利不因该从权利未办理转移登记手续或者未转移占有而受到影响。"

② 2021 年 9 月 1 日，乙银行将对甲公司的借款债权转让给丁银行时，根据《民法典》第 547 条第 1 款的规定，基于从权利所具有的移转上的从属性，丁银行在受让借款债权的同时，一并取得对 A 楼的不动产抵押预告登记和对 B 楼的不动产抵押权。同时，根据《民法典》第 547 条第 2 款的规定，这一法律效果的发生，无须为丁银行办理 A 楼的不动产抵押预告登记和对 B 楼的不动产抵押权的移转登记（变更登记）。

【答案】2021 年 9 月 1 日，丁银行已经取得对 A 楼的抵押预告登记和对 B 楼的抵押权。理由在于：乙银行将其对甲公司的借款债权转让给丁银行时，根据《民法典》第 547 条的规定，无须为丁银行办理 A 楼抵押预告登记的移转登记，亦无须为丁银行办理 B 楼抵押权的移转登记，丁银行自受让借款债权之时，基于担保物权移转上的从属性，一并取得对 A 楼的抵押预告登记和对 B 楼的抵押权。

2. 2022 年 3 月 2 日，丁银行对 A 楼是否享有优先受偿权？为什么？

【考点】不动产抵押预告登记的效力

【解析】①《民法典担保制度解释》第 52 条第 1 款规定："当事人办理抵押预告登记后，预告登记权利人请求就抵押财产优先受偿，经审查存在尚未办理建筑物所有权首次登记、预告登记的财产与办理建筑物所有权首次登记时的财产不一致、抵押预告登记已经失效等情形，导致不具备办理抵押登记条件的，人民法院不予支持；经审查已经办理建筑物所有权首次登记，且不存在预告登记失效等情形的，人民法院应予支持，并应当认定抵押权自预告登记之日起设立。”

②丁银行于受让债权时一并取得对A楼的不动产抵押预告登记后，在丁银行对A楼不动产抵押预告登记的有效期限内，甲公司于2022年2月1日办理完毕A楼所有权的初始登记时，根据《民法典担保制度解释》第52条第1款的规定，无须办理A楼抵押权的本登记，丁银行即对A楼享有不动产抵押权，并且丁银行对A楼的不动产抵押权于预告登记之日起设立。甲公司到期未还款，丁银行有权对A楼行使不动产抵押权。

【答案】2022年3月2日，丁银行对A楼享有优先受偿权。理由在于：如前所述，丁银行于受让借款债权之时，一并取得对A楼的抵押预告登记；在丁银行对A楼抵押预告登记的有效期限内，甲公司于2022年2月1日办理完毕A楼所有权的初始登记时，根据《民法典担保制度解释》第52条第1款的规定，无须办理A楼抵押权的本登记，丁银行即对A楼享有不动产抵押权，并且丁银行对A楼的不动产抵押权于预告登记之日起设立。

3. 2022年3月2日后，若丁银行未主张就A楼受偿，即对B楼行使抵押权，丙公司是否有权主张在A楼抵押担保的范围内不对丁银行承担抵押担保责任的抗辩？为什么？

【考点】共同担保；共同抵押

【解析】①《民法典》第389条规定：“担保物权的担保范围包括主债权及其利息、违约金、损害赔偿金、保管担保财产和实现担保物权的费用。当事人另有约定的，按照其约定。”据此，由于未约定A楼与B楼抵押担保的债务范围，2022年3月2日后，A楼与B楼抵押担保的债务范围为甲公司对丁银行的全部借款债务。

②《民法典》第699条规定：“同一债务有两个以上保证人的，保证人应当按照保证合同约定的保证份额，承担保证责任；没有约定保证份额的，债权人可以请求任何一个保证人在其保证范围内承担保证责任。”《民法典担保制度解释》第20条规定：“人民法院在审理第三人提供的物的担保纠纷案件时，可以适用民法典第六百九十五条第一款、第六百九十六条第一款、第六百九十七条第二款、第六百九十九条、第七百条、第七百零一条、第七百零二条等关于保证合同的规定。”据此，2022年3月2日后，甲公司对丁银行的借款债务，由甲公司的A楼和丙公司的B楼抵押担保，成立共同担保中的共同抵押，同时，既未约定成立连带共同抵押，亦未依据法律规定成立连带共同抵押，因此，成立不真正连带共同抵押。

③由于未约定丁银行对A楼和B楼行使抵押权的顺序，2022年3月2

日后，丁银行对A楼和B楼行使抵押权有无顺序上的限制，现行法未作规定，学理上有争议，主要有两种观点。

④第一种观点主张：丁银行对A楼和B楼行使抵押权无顺序上的限制，丁银行可以选择仅对A楼或者仅对B楼行使抵押权，亦可选择一并对A楼和B楼行使抵押权。该观点所持理由有两点：第一，A楼和B楼抵押属于不真正连带共同抵押，根据《民法典》第699条和《民法典担保制度解释》第20条的规定，丁银行对A楼和B楼行使抵押权无顺序上的限制；第二，若丁银行选择不对A楼行使抵押权，仅对B楼行使抵押权，丙公司对丁银行承担抵押担保责任后再向甲公司追偿，的确会增加追偿费用的支出，但由于抵押权行使的方式比较简便，因此增加的追偿费用的数额有限，不至于造成严重不公平、不合理的结果。

⑤第二种观点主张：丁银行对A楼和B楼行使抵押权有顺序上的限制，丁银行应当先对A楼行使抵押权，对A楼行使抵押权未获完全清偿的，才能对B楼行使抵押权，若丁银行未对A楼行使抵押权即对B楼行使抵押权，丙公司有权主张在A楼抵押担保的范围内不承担抵押担保责任。该观点所持理由为：债务人甲公司系最终的责任承担者，并且甲公司以其财产A楼为丁银行提供抵押担保，若丁银行不对A楼行使抵押权即对B楼行使抵押权，会导致循环追偿的局面，增加无谓的追偿费用的支出，导致浪费资源的结果。

【答案】2022年3月2日后，甲公司对丁银行的借款债务，由A楼和B楼抵押担保，未约定各自担保的范围，既未约定成立连带共同抵押，亦未依照法律规定成立连带共同抵押，因此，成立不真正连带共同抵押，同时，也没有约定丁银行行使抵押权的顺序，在甲公司无力清偿到期借款债务时，若丁银行未对A楼行使抵押权即对B楼行使抵押权，丙公司是否有权主张在A楼抵押担保的范围内不对丁银行承担抵押担保责任的抗辩，现行法未作规定，可将主流学说观点作为填补制定法漏洞的依据予以处理，但是，学说观点有争议，主要有以下两种观点：

观点（一）：丙公司不享有在A楼抵押担保的范围内不承担抵押担保责任的抗辩。理由在于：首先，因A楼与B楼均担保甲公司对丁银行的全部借款债务，根据《民法典》第699条与《民法典担保制度解释》第20条的规定，丁有权选择请求任何一个抵押人在其担保范围内承担抵押担保责任；其次，A楼抵押与B楼抵押属于共同抵押，丁对A楼行使抵押权与对B楼行使抵押权同样简便、费用支出有限。

观点（二）：丙公司享有在A楼抵押担保的范围内不承担抵押担保责

任的抗辩。理由在于：A楼抵押与B楼抵押虽属共同抵押，且担保范围均为甲公司对丁银行的全部价款债务，但是，甲公司是最终的责任承担者且以其财产A楼设立抵押，为避免循环求偿与避免无谓浪费资源，丁应当先对A楼行使抵押权，对A楼行使抵押权未获全部清偿时，才能对B楼行使抵押权。

4. 2022年3月2日至2023年3月1日期间，戊公司是否负有免费将业主购买的装修材料自楼下搬运至装修房屋内的法律义务？为什么？

【考点】物业服务合同

【解析】①《民法典》第939条规定："建设单位依法与物业服务人订立的前期物业服务合同，以及业主委员会与业主大会依法选聘的物业服务人订立的物业服务合同，对业主具有法律约束力。"《民法典》第940条规定："建设单位依法与物业服务人订立的前期物业服务合同约定的服务期限届满前，业主委员会或者业主与新物业服务人订立的物业服务合同生效的，前期物业服务合同终止。"据此，甲公司与戊公司订立的物业服务合同，属于前期物业服务合同，对业主具有法律上的约束力。购买甲公司房屋的人，一旦取得某专有部分业主的身份，即法定概括承受建设单位（甲公司）作为该专有部分业主基于《物业服务合同》享有的合同债务与合同义务。

②《民法典》第938条第2款规定："物业服务人公开作出的有利于业主的服务承诺，为物业服务合同的组成部分。"据此，2022年3月1日，戊公司张贴的海报，属于物业服务人戊公司公开作出的有利于业主的服务承诺，自动进入物业服务合同，成为物业服务合同的内容。

【答案】戊公司负有该义务。理由在于：甲公司与戊公司订立的《物业服务合同》属于前期物业服务合同，根据《民法典》第939条的规定，对业主具有法律约束力，购买甲公司房屋的人，一旦取得某专有部分业主的身份，即法定概括承受建设单位（甲公司）作为该专有部分业主基于《物业服务合同》享有的合同债务与合同义务；同时，戊公司公开张贴的免费为业主搬运装修材料的海报，属于物业服务人（戊公司）公开作出的有利于业主的服务承诺，根据《民法典》第938条第2款的规定，自动进入物业服务合同，成为物业服务合同的内容。

5. 2022年4月1日，戊公司主张赵某尚未办理A楼2单元1808号房的过户登记，赵某不属于"拓然山庄"小区的业主，这一主张是否有理由？为什么？

【考点】建筑物区分所有权

【解析】①《建筑物区分所有权解释》[1]第1条第1款规定："依法登记取得或者依据民法典第二百二十九条至第二百三十一条规定取得建筑物专有部分所有权的人，应当认定为民法典第二编第六章所称的业主。"《建筑物区分所有权解释》第1条第2款规定："基于与建设单位之间的商品房买卖民事法律行为，已经合法占有建筑物专有部分，但尚未依法办理所有权登记的人，可以认定为民法典第二编第六章所称的业主。"

②在范围上，业主包括三个类型：第一，已经被登记为专有部分所有权人的人；第二，已经通过非基于法律行为的不动产物权变动取得对专有部分的所有权，但尚未办理宣示登记的人；第三，已经因买卖合同受让房屋的交付，因此已经合法占有专有部分，但尚未办理专有部分所有权过户登记，尚未取得专有部分所有权的人。因此，赵某应当认定为小区的业主。

【答案】戊公司的该主张无理由。因为，虽然尚未办理A楼2单元1808号房屋的过户登记，赵某尚未取得对该房屋的所有权，但是赵某已经就该房屋与建设单位（甲公司）订立有效的商品房买卖合同，并受让该房屋的交付，赵某已经合法占有该房屋，根据《建筑物区分所有权解释》第1条的规定，应当认定赵某为业主。

6. 在孙某提起的诉讼中，戊公司以"已将防范高空抛物的合同义务委托给己公司履行"为由抗辩，主张自己无须承担责任，戊公司的这一抗辩是否成立？为什么？

【考点】物业服务合同

【解析】①《民法典》第1254条第2款规定："物业服务企业等建筑物管理人应当采取必要的安全保障措施防止前款规定情形的发生；未采取必要的安全保障措施的，应当依法承担未履行安全保障义务的侵权责任。"据此，物业服务人戊公司负担的物业服务合同义务，包含防范高空抛物的安全保障义务。

②《民法典》第941条第1款规定："物业服务人将物业服务区域内的部分专项服务事项委托给专业性服务组织或者其他第三人的，应当就该部分专项服务事项向业主负责。"据此，物业服务人戊公司委托己公司代为履行防范"拓然山庄"小区业主高空抛物的安全保障义务，己公司属

〔1〕《最高人民法院关于审理建筑物区分所有权纠纷案件适用法律若干问题的解释》，以下简称《建筑物区分所有权解释》。

于戊公司的履行辅助人，戊公司对小区业主负担的防范高空抛物的安全保障义务并未免除，戊公司对小区业主仍负有防范高空抛物的安全保障义务。

【答案】戊公司的这一抗辩不成立。理由在于：首先，根据《民法典》第1254条第2款的规定，物业服务人戊公司负有合理范围内的防范高空抛物的安全保障义务；其次，物业服务人戊公司委托己公司履行防范“拓然山庄”小区业主高空抛物的安全保障义务的，己公司属于戊公司的履行辅助人，根据《民法典》第941条第1款的规定，戊公司对小区业主负担的防范高空抛物的安全保障义务并未免除，戊公司对小区业主仍负有防范高空抛物的安全保障义务。

7. 若孙某仅起诉钱某，法院应如何安排当事人？若孙某仅起诉戊公司，法院应如何安排当事人？若孙某一并起诉钱某、戊公司与己公司，法院应如何安排当事人？

【考点】高空抛物致人损害的侵权责任；诉讼当事人

【解析】①《民法典》第1165条第1款规定：“行为人因过错侵害他人民事权益造成损害的，应当承担侵权责任。”据此，孙某因此遭受的损害，钱某成立过错侵权。

②《民法典》第1254条第1款规定：“禁止从建筑物中抛掷物品。从建筑物中抛掷物品或者从建筑物上坠落的物品造成他人损害的，由侵权人依法承担侵权责任；经调查难以确定具体侵权人的，除能够证明自己不是侵权人的外，由可能加害的建筑物使用人给予补偿。可能加害的建筑物使用人补偿后，有权向侵权人追偿。”《民法典》第1254条第2款规定：“物业服务企业等建筑物管理人应当采取必要的安全保障措施防止前款规定情形的发生；未采取必要的安全保障措施的，应当依法承担未履行安全保障义务的侵权责任。”《民法典》第1198条第2款规定：“因第三人的行为造成他人损害的，由第三人承担侵权责任；经营者、管理者或者组织者未尽到安全保障义务的，承担相应的补充责任。经营者、管理者或者组织者承担补充责任后，可以向第三人追偿。”据此，孙某因高空抛物遭受人身损害，能够确定侵权人为钱某，钱某应当对孙某遭受的全部损害承担侵权责任；戊公司未履行防范高空抛物的安全保障义务，应当承担与其过错相应的补充责任；己公司作为戊公司的履行辅助人，不对外承担责任，戊公司承担补充责任后，既可以向钱某追偿，亦可向己公司追偿。

③若孙某仅起诉钱某，法院可以只列钱某为被告；若孙某仅起诉戊公司，法院应当予以释明，告知孙某追加钱某为共同被告；释明后孙某拒绝

追加的，法院应当裁定驳回起诉；若孙某一并起诉钱某、戊公司与已公司，法院可以列钱某、戊公司为共同被告，但不能将已公司列为被告，可将已公司列为无独立请求权的第三人。

【答案】①若孙某仅起诉钱某，法院可以只列钱某为被告。②若孙某仅起诉戊公司，法院应当予以释明，告知孙某追加钱某为共同被告；释明后孙某拒绝追加的，法院应当裁定驳回起诉。③若孙某一并起诉钱某、戊公司与已公司，法院可以列钱某、戊公司为共同被告，但不能将已公司列为被告，可将已公司列为无独立请求权的第三人。

8. 依照现行法的规定，“拓然山庄”小区业主大会于 2022 年 11 月 1 日作出的选聘庚公司的业主大会决议是否有效？为什么？

【考点】建筑物区分所有权

【解析】①《建筑物区分所有权解释》第 8 条规定：“民法典第二百七十八条第二款和第二百八十三条规定的专有部分面积可以按照不动产登记簿记载的面积计算；尚未进行物权登记的，暂按测绘机构的实测面积计算；尚未进行实测的，暂按房屋买卖合同记载的面积计算。”《建筑物区分所有权解释》第 9 条规定：“民法典第二百七十八条第二款规定的业主人数可以按照专有部分的数量计算，一个专有部分按一人计算。但建设单位尚未出售和虽已出售但尚未交付的部分，以及同一买受人拥有一个以上专有部分的，按一人计算。”甲公司开发的“拓然山庄”小区共计 500 套房屋（每套房屋的面积相同），已经出售并交付了 300 套（分别卖给不同的人），尚有 200 套未出卖交付。甲公司尚有 200 套房屋没有出卖交付，甲公司拥有的专有部分面积占比为 2/5，但是，在计算业主的人数时，甲公司只能算 1 个业主。因此，该小区的业主人数共计 301 人。

②《民法典》第 278 条第 1 款规定：“下列事项由业主共同决定：（一）制定和修改业主大会议事规则；（二）制定和修改管理规约；（三）选举业主委员会或者更换业主委员会成员；（四）选聘和解聘物业服务企业或者其他管理人；（五）使用建筑物及其附属设施的维修资金；（六）筹集建筑物及其附属设施的维修资金；（七）改建、重建建筑物及其附属设施；（八）改变共有部分的用途或者利用共有部分从事经营活动；（九）有关共有和共同管理权利的其他重大事项。”

③《民法典》第 278 条第 2 款规定：“业主共同决定事项，应当由专有部分面积占比三分之二以上的业主且人数占比三分之二以上的业主参与表决。决定前款第六项至第八项规定的事项，应当经参与表决专有部分面积四分之三以上的业主且参与表决人数四分之三以上的业主同意。决定

前款其他事项，应当经参与表决专有部分面积过半数的业主且参与表决人数过半数的业主同意。”

④根据《民法典》第278条的规定，选聘庚公司为新的物业服务人的业主大会决议有效，必须符合两个条件：第一，由专有部分面积占比2/3以上的业主且人数占比2/3以上的业主参与表决；第二，经参与表决专有部分面积过半数的业主且参与表决人数过半数的业主同意。具体而言，须符合以下两个条件：第一，应当由专有部分面积占比2/3以上（500×2÷3=333.3≈333）的业主且人数占比2/3以上（301×2÷3=200.7≈201）的业主参与表决；第二，应当经参与表决专有部分面积过半数［（200+270）÷2=235］的业主且参与表决人数过半数（301÷2=150.5≈151）的业主同意。

⑤该决议符合以上两个条件：第一，该业主大会由专有部分面积占比2/3以上（200+270=470）的业主且人数占比2/3以上［（1+270）=271］的业主参与表决；第二，该业主大会参与表决专有部分面积过半数（260）的业主且参与表决人数过半数（260）的业主同意。

【答案】该业主大会决议有效。理由在于，该大会符合以下两个条件：第一，由专有部分面积占比2/3以上的业主且人数占比2/3以上的业主参与表决；第二，经参与表决专有部分面积过半数的业主且参与表决人数过半数的业主同意。因此，根据《民法典》第278条的规定，该业主大会决议有效。

9. 在赵某对钱某、李某与周某的诉讼中，在法院调取的录像能够证明砸伤赵某的砖头系周某所扔以后，若钱某主张自己因此无须承担侵权责任，钱某的这一主张是否成立？为什么？

【考点】共同危险行为；共同加害行为

【解析】①《民法典》第1168条规定：“二人以上共同实施侵权行为，造成他人损害的，应当承担连带责任。”据此，二人以上基于共同故意或者共同过失致人损害的，成立共同加害行为，加害人应当承担连带侵权责任。

②《民法典》第1170条规定：“二人以上实施危及他人人身、财产安全的行为，其中一人或者数人的行为造成他人损害，能够确定具体侵权人的，由侵权人承担责任；不能确定具体侵权人的，行为人承担连带责任。”据此，成立共同危险行为，要件有五：第一，两个以上的人均实施了足以造成他人人身、财产损害的危险行为；第二，两个以上的危险行为具有时空上的关联性；第三，其中一个行为或者部分行为造成了损害后

果；第四，（依据现有证据）不能确定谁的行为实际造成了损害后果的发生；第五，两个以上的危险行为人主观上无意思联络（无共同故意）。

③钱某、李某与周某基于共同故意实施加害行为，不成立《民法典》第1170条规定的共同危险行为，成立《民法典》第1168条规定的共同加害行为，基于共同故意实施加害行为的钱某应当就可能的因果关系承担连带侵权责任，即使在诉讼中证明砸伤赵某的砖头系周某所扔，钱某、李某与周某仍应对赵某遭受的人身损害承担连带责任。

【答案】钱某的这一主张不能成立。理由在于：钱某、李某与周某基于共同故意实施加害行为，不成立《民法典》第1170条规定的共同危险行为，成立《民法典》第1168条规定的共同加害行为，基于共同故意实施加害行为的钱某应当就可能的因果关系承担连带侵权责任，即使在诉讼中证明砸伤赵某的砖头系周某所扔，钱某、李某与周某仍应对赵某遭受的人身损害承担连带责任。

第八题

案情：

【1】2021年4月1日晚9点30分，赵某与钱某相约在二环路上以改装的“高尔夫”1.6T轿车比赛飙车，看谁能打破“二环十三郎”的纪录，比赛开始不久，钱某驾驶的轿车与前方正常行驶的出租车相撞，年仅36岁的出租车司机甲因此当场死亡，钱某仅受轻伤，交警认定钱某负全责。赵某驾驶的轿车没有碰撞出租车和钱某驾驶的轿车。数日后，甲的近亲属以赵某、钱某为共同被告起诉，请求赵某与钱某连带赔偿依照《人身损害赔偿解释》[1]和《精神损害赔偿解释》[2]所定标准计算的210万元死亡赔偿金和8万元的精神损害抚慰金。在诉讼过程中，钱某收集到的证据证明三个月前甲已经确诊身患绝症（“黑色素瘤”），确诊后半年内必然死亡。

【2】2021年5月1日晚9点30分，在小区遛狗的孙某来到A102栋楼下时，被一个从楼上扔下的空啤酒瓶砸伤。警方调查后查明：①由于外来车辆占用小区的公用停车位，致使部分业主的车辆无处停放，小区的物业服务人“轩诚公司”长期不予处理，A102栋四楼、五楼和六楼的业主乙、

---

〔1〕《最高人民法院关于审理人身损害赔偿案件适用法律若干问题的解释》，以下简称《人身损害赔偿解释》。

〔2〕《最高人民法院关于确定民事侵权精神损害赔偿责任若干问题的解释》，以下简称《精神损害赔偿解释》。

丙、丁为示抗议，各自向楼下抛掷了数个空啤酒瓶，其中一个砸伤了孙某，但不能确定砸伤孙某的啤酒瓶系谁所扔。②“轩诚公司”一直按照物业服务合同的约定进行防范高空抛物的警示、宣传、巡查等活动，并安装了摄像头。数日后，孙某诉至法院，请求乙、丙、丁对自己遭受的全部损害承担连带侵权损害赔偿责任。

【3】李某因男友戊数次在出现争执后持水果刀扬言要与自己同归于尽，并且学医的朋友确定戊患有躁郁症，李某于2021年5月20日给戊发微信表示终止恋爱关系，戊随即来到李某租住的地方要求李某同意复合，见戊气势汹汹，李某乘机将戊关在门外，戊于是掏出水果刀撬门，并声称要与李某同归于尽。李某十分惊恐，打电话请求闺蜜周某前来规劝，但李某未将戊患有躁郁症以及正在用水果刀撬门等情况告知周某。周某赶到后，对戊进行规劝，恼羞成怒的戊持水果刀对周某连刺数刀，李某更感惊恐，没有报警亦未开门营救，周某因受伤严重死亡。

问题：

1. 若在甲的继承人提起的诉讼中，赵某以其驾驶的轿车没有碰撞出租车和钱某驾驶的轿车为由，主张自己不应当对甲的近亲属承担侵权责任，赵某的这一抗辩是否成立？为什么？

【考点】共同加害行为

【解析】①依照《道路安全交通法》第76条的规定，机动车与机动车之间发生道路交通事故，归责原则为过错责任，钱某负全责，钱某应当对甲死亡的后果承担机动车交通事故侵权责任。

②《民法典》第1168条规定：“二人以上共同实施侵权行为，造成他人损害的，应当承担连带责任。”根据通说观点，《民法典》第1168条规定的共同加害行为包括共同故意侵权与共同过失侵权两个类型。赵某与钱某相约飙车过程中，钱某驾驶的轿车撞击出租车致出租车司机甲死亡，属于赵某与钱某基于共同过失侵权造成的损害，成立共同加害行为，赵某与钱某应当承担连带责任。因此，赵某的这一抗辩不能成立。

【答案】赵某的这一抗辩不能成立。理由在于：基于赵某与钱某相约飙车这一共同行为，赵某与钱某因此负担防范因相约飙车致人损害的共同注意义务，赵某与钱某违反共同注意义务，致使钱某驾车碰撞出租车导致甲死亡，赵某与钱某属于因共同过失导致机动车交通事故，成立共同加害行为，依照《民法典》第1168条的规定，对甲死亡的后果，赵某与钱某应当承担连带侵权损害赔偿责任。

2. 若在甲的继承人提起的诉讼中，钱某以甲已经确诊身患绝症半年内必然死亡为由，主张不应当对甲的近亲属承担支付精神损害抚慰金的责任，钱某的这一抗辩能否成立？为什么？

【考点】因果关系；假设因果关系

【解析】①甲死亡的后果，有两个原因。第一，真正原因，即赵某与钱某基于共同过失实施的共同加害行为；第二，假设原因，即甲身患绝症半年内必然死亡。根据通说，假设原因的存在，不影响真正原因与甲死亡后果之间在责任成立上的因果关系，但是，假设原因的存在，可能影响真正原因与甲死亡后果之间在责任范围上的因果关系（即可以考虑假设原因的存在，适当减少加害人应当承担的侵权损害赔偿责任的数额）。

②真正原因（赵某与钱某的共同加害行为）已经造成甲死亡的后果，已经给甲的近亲属造成严重的精神损害后果，换言之，真正原因已经给甲的近亲属造成了既定的精神损害后果，同时，真正原因（赵某与钱某的共同加害行为）给甲的近亲属造成的精神损害后果与假设原因（甲身患绝症半年内必然死亡）给甲的近亲属造成的精神损害后果不具有同一性。因此，甲的近亲属遭受的精神损害属于既定的所受损害，根据通说，假设原因的存在，不仅不影响真正原因与甲死亡后果之间在责任成立上的因果关系，也不影响真正原因与甲死亡后果之间在责任范围上的因果关系。赵某和钱某不仅应当对甲的继承人承担精神损害赔偿责任，也不应当减少《精神损害赔偿解释》所定标准计算的8万元的精神损害抚慰金的数额。

【答案】钱某的这一抗辩不能成立。理由在于：赵某与钱某基于共同过失实施的共同加害行为属于甲死亡的真正原因，甲身患绝症半年内必然死亡属于甲死亡的假设原因。根据通说，假设原因的存在，不影响真正原因与甲死亡后果之间具有责任成立上的因果关系，但是，可能影响真正原因与甲死亡后果之间在责任范围上的因果关系。由于真正原因已经给甲的近亲属造成既定的精神损害后果，同时，真正原因（赵某与钱某的共同加害行为）给甲的近亲属造成的精神损害后果与假设原因（甲身患绝症半年内必然死亡）给甲的近亲属造成的精神损害后果不具有同一性，因此，甲的近亲属遭受的精神损害属于既定的所受损害。根据通说，假设原因的存在，不仅不影响真正原因与甲死亡后果之间在责任成立上的因果关系，也不影响真正原因与甲死亡后果之间在责任范围上的因果关系。赵某和钱某不仅应当对甲的继承人承担精神损害赔偿责任，也不应当减少《精神损害赔偿解释》所定标准计算的8万元的精神损害抚慰金的数额。

3. 若在甲的继承人提起的诉讼中，钱某以甲已经确诊身患绝症半年内必然死亡为由，请求法院适当减少依照《人身损害赔偿解释》所定标准计算的应当对甲的近亲属承担的死亡赔偿金的数额，钱某的这一请求，法院是否可以支持？为什么？

【考点】因果关系；假设因果关系

【解析】①死亡赔偿金赔偿的对象，是对加害人（赵某与钱某）侵害甲的生命权因此给甲的近亲属所造成的财产损害的赔偿，包括甲的近亲属因此遭受的抚养费、赡养费收入的损失以及因甲提前死亡甲的近亲属少继承的遗产等遗失利益的损失。

②真正原因（赵某与钱某的共同加害行为）侵害甲的生命权因此给甲的近亲属造成的财产损害，主要属于“创收财产损失”（即“所失利益”）。根据通说观点，假设原因（甲身患绝症半年内必然死亡）的存在，“影响”真正原因与甲死亡后果之间在责任范围上的因果关系，可以考虑假设原因的存在，适当减少加害人（赵某与钱某）应当对甲的近亲属承担的死亡赔偿金的数额。

【答案】法院可以支持钱某的这一请求。理由在于：赵某与钱某基于共同过失实施的共同加害行为属于甲死亡的真正原因，甲身患绝症半年内必然死亡属于甲死亡的假设原因，根据通说，假设原因的存在不影响真正原因与甲死亡后果之间在责任成立上的因果关系，但是，可能影响真正原因与甲死亡后果之间在责任范围上的因果关系。由于真正原因侵害甲的生命权因此给甲的近亲属造成的财产损害，主要属于“创收财产损失”（即“所失利益”），根据通说观点，假设原因的存在，“影响”真正原因与甲死亡后果之间在责任范围上的因果关系，可以考虑假设原因的存在，适当减少加害人（赵某与钱某）应当对甲的近亲属承担的死亡赔偿金的数额。

4. 在孙某提起的诉讼中，若乙的代理律师主张，由于不能确定砸伤孙某的酒瓶系谁所扔，应当适用公平责任，由所有可能加害的建筑物使用人对孙某适当补偿。这一主张，法院应否支持？为什么？

【考点】共同危险行为；高空抛物致人损害的责任

【解析】①《民法典》第1170条规定：“二人以上实施危及他人人身、财产安全的行为，其中一人或者数人的行为造成他人损害，能够确定具体侵权人的，由侵权人承担责任；不能确定具体侵权人的，行为人承担连带责任。”据此，成立共同危险行为，要件有五：第一，两个以上的人均实施了足以造成他人人身、财产损害的危险行为；第二，两个以上的危险行为具有时空上的关联性；第三，其中一个行为或者部分行为造成了损害后果；第四，（依据现有证据）不能确定谁的行为实际造成了损害后果的发生；第五，两个以上的危险行为人主观上无意思联络（无共同故意）。因此，对孙某被啤酒瓶砸伤的损害后果，乙、丙、丁成立共同危险行为，应当依照《民法典》第1170条的规定对孙某承担连带侵权损害赔偿责任。

②《民法典》第1254条第1款规定："禁止从建筑物中抛掷物品。从建筑物中抛掷物品或者从建筑物上坠落的物品造成他人损害的，由侵权人依法承担侵权责任；经调查难以确定具体侵权人的，除能够证明自己不是侵权人的外，由可能加害的建筑物使用人给予补偿。可能加害的建筑物使用人补偿后，有权向侵权人追偿。"据此，高空抛物致人损害的，如果能够确定具体侵权人，由具体侵权人依照法律规定承担侵权责任，只有在难以确定具体侵权人时，才适用公平责任，由可能加害的建筑物使用人适当补偿。由于能够认定乙、丙、丁对孙某成立共同危险行为，属于能够确定具体侵权人的情形，因此，对孙某遭受的损害，应当由乙、丙、丁依照《民法典》第1170条的规定承担连带侵权损害赔偿责任，不能适用公平责任。

【答案】法院不应支持这一主张。理由在于：依照《民法典》第1254条的规定，高空抛物致人损害的，如果能够确定具体侵权人，由具体侵权人依照法律规定承担侵权责任；只有在难以确定具体侵权人时，才适用公平责任，由可能加害的建筑物使用人适当补偿。同时，对孙某被啤酒瓶砸伤的损害后果，乙、丙、丁成立共同危险行为，属于能够确定具体侵权人的情形，因此，乙、丙、丁应当依照《民法典》第1170条的规定对孙某承担连带侵权损害赔偿责任，不能适用公平责任。

5. 假设在孙某提起的诉讼中，一直未能提供证据证明砸伤孙某的酒瓶系谁扔的，但是，乙提供证据证明"砸伤孙某的啤酒瓶为'泰山原浆'牌啤酒瓶，而自己扔的都是'喜力'牌啤酒瓶"，法院应如何判决？为什么？

【考点】共同危险行为

【解析】①如前所述，孙某被啤酒瓶砸伤的损害后果，乙、丙、丁成立共同危险行为。共同危险行为，在因果关系的证明责任分配上，采用因果关系推定，推定乙、丙、丁的加害行为与孙某遭受的人身损害具有因果关系。依照《民法典》第1170条的规定，如果能够举证证明具体侵权人，则案件性质发生变化，不再属于共同危险行为，由证明的具体侵权人依照法律规定承担侵权责任，其他人不再承担侵权责任。但是，如果没有举证证明具体侵权人，某一共同危险行为人仅仅举证证明自己的行为与损害没有因果关系，该共同危险行为人能否免于承担侵权责任，有争议，主要存在下列两种观点。

②观点（一）：该共同危险行为人应当免于承担侵权责任。该观点所

持理由为：既然在因果关系的证明责任分配上，共同危险行为采用因果关系推定，若共同危险行为人提供证据证明自己的行为与损害没有因果关系，即推翻了对自己的因果关系推定，该共同危险行为人自然不应当再承担侵权责任。

③观点（二）：该共同危险行为人不能因此免于承担侵权责任，仍然应当承担连带侵权损害赔偿责任。该观点所持理由为：虽然共同危险行为采用因果关系推定，但是，仅在责任成立上采因果关系推定，在责任免除上不采因果关系推定，即若不能提供证据确定具体侵权人，仅提供证据证明自己的危险行为与损害无因果关系，不能免除连带责任。这是基于两点考虑：第一，民事证明标准为高度盖然性证明标准，只是一种法律上的真实，而非客观上的真实；第二，若仅证明自己的危险行为与损害无因果关系即可免除责任，则所有的共同危险行为人都可能因此免责，这与共同危险行为制度方便受害人救济的立法意旨不符。

【答案】法院应如何判决，有争议，主要有两种观点。观点（一）：法院应当判决乙不承担侵权责任。理由在于：乙、丙、丁对孙某成立共同危险行为，采因果关系推定，若乙能够提供证据证明自己的行为与损害没有因果关系，乙不承担侵权责任。观点（二）：法院应当判决乙、丙、丁承担连带侵权责任。乙、丙、丁对孙某成立共同危险行为，采因果关系推定，但是，仅在责任成立上采因果关系推定，在责任免除上不采因果关系推定，即若不能提供证据确定具体侵权人，仅提供证据证明自己的危险行为与损害无因果关系，则不能免除连带责任。

6. 对孙某被啤酒瓶砸伤的损害，小区的物业服务人"轩诚公司"是否应当承担侵权责任？为什么？

【考点】高空抛物致人损害的责任

【解析】①《民法典》第1254条第2款规定："物业服务企业等建筑物管理人应当采取必要的安全保障措施防止前款规定情形的发生；未采取必要的安全保障措施的，应当依法承担未履行安全保障义务的侵权责任。"据此，高空抛物致人损害的，物业服务人违反防范高空抛物的安全保障义务，应当依照《民法典》第1198条的规定承担违反安全保障义务的侵权责任；与此相对照，若物业服务人未违反防范高空抛物的安全保障义务，对因高空抛物给受害人造成的损害，物业服务人不承担侵权责任。

②"轩诚公司"长期不处理外来车辆占用小区公用停车位的行为，仅仅属于不履行物业服务合同义务的行为，而不属于违反防范高空抛物的安全保障义务，同时，"轩诚公司"履行了防范高空抛物的警示、宣传、巡

查、安装摄像头等合理范围内的安全保障义务，因此，对孙某被啤酒瓶砸伤的损害后果，物业服务人“轩诚公司”不承担侵权责任。

【答案】“轩诚公司”不承担侵权责任。理由在于：“轩诚公司”长期不处理外来车辆占用小区公用停车位的行为，仅仅属于不履行物业服务合同义务的行为，而不属于违反防范高空抛物的安全保障义务，同时，“轩诚公司”履行了防范高空抛物的警示、宣传、巡查、安装摄像头等合理范围内的安全保障义务。根据《民法典》第1254条的规定，对高空抛物给孙某遭受的人身损害，“轩诚公司”没有违反安全保障义务，不承担侵权责任。

7. 对周某死亡的后果，李某是否应当承担侵权损害赔偿责任？为什么？

【考点】不作为侵权

【解析】①依照现行法的规定，对周某死亡的后果，李某的行为不成立特殊侵权行为，李某的行为成立《民法典》第1165条规定的普通过错侵权，要件有四：第一，李某实施了作为或者不作为的不法加害行为；第二，周某遭受了可以救济的损害后果；第三，李某的加害行为与周某遭受损害的后果具有因果关系；第四，李某对周某遭受的权益侵害后果具有过错。

②对周某死亡的后果，李某的行为不构成作为，属于不作为。李某的不作为成立不作为侵权、过错侵权，要件有四：第一，李某具有作为的义务（负有采取积极行为防范或者避免周某遭受损害的义务）；第二，李某具有实施作为义务的能力；第三，李某的不作为与周某遭受的损害具有因果关系；第四，李某对损害的发生具有过错（故意或者过失）。

③根据法律规定以及通说观点，作为义务有四个来源：第一，法律规定［例如：承运人对旅客的救助义务（《民法典》第822条）；安全保障义务（《民法典》第1198条）；医疗机构的一般告知义务与特殊告知义务（《民法典》第1219条）；地面施工人设置明显标志和采取安全措施的义务（《民法典》第1258条）］。第二，合同约定（例如：甲请乙当保姆，负责照顾儿子丙。如果乙发现丙吞食玩具或者以手触摸电源插座却不阻止，结果导致丙人身损害，乙的不作为既是违约行为，也是不作为的侵权行为）。第三，当事人间的特殊身份与关系［例如：父母对遭遇险情的未成年子女负有救助的义务；夫妻一方陷入险情的，另一方负有救助的义务；危险共同体的成员彼此负有救助的义务（如相约到撒哈拉沙漠探险、相约攀登珠穆朗玛峰等出生入死的团体）（注意：原则上，“驴友”间不构成危险共同

体)]。第四，行为人的先前行为（若行为人的先前行为诱发或者开启某种不合理的危险，则行为人负有防范该不合理危险现实化、避免他人因此遭受损害的作为义务。例如：成年人甲带10岁的乙前往水库游泳，甲即负有保护乙的作为义务）。

④李某实施了请求周某前往规劝戊的先前行为，这一先前行为是否为李某创设了采取相应防范措施以避免周某遭受戊的伤害的作为义务，进而，李某的不作为导致戊杀害周某，李某是否应当对周某死亡的后果承担不作为的侵权责任（《民法典》第1165条第1款规定的过错侵权），有争议，主要有以下两种观点。

⑤第一种观点认为，对周某死亡的后果，李某成立不作为侵权。理由在于：李某知道戊患有躁郁症并且知道戊在情绪激动时具有实施杀人行为的可能性，李某请求周某前往规劝戊的先前行为，诱发或者开启了周某遭受戊伤害的危险状态，李某因此负有采取积极行为防范周某遭受戊加害的作为义务，李某未履行将戊患有躁郁症、在情绪激动时具有实施杀人行为的较大可能性、正在用水果刀撬门等事实告知周某的提示义务，在戊对周某实施人身伤害行为时，李某亦未履行必要、可能范围内的协助义务（如报警、让周某进入屋内躲避），致使周某没有躲避危险的可能。因此，李某负有作为的义务且有作为的能力而不作为，由此导致周某被戊杀害的损害后果，李某主观上有过错，对周某死亡的后果，李某成立《民法典》第1165条第1款规定的过错侵权。

⑥第二种观点认为，对周某死亡的后果，李某不成立不作为侵权。理由在于：李某请求周某前往规劝戊的行为，虽然具有引起戊伤害周某的可能性，但是，并未因此使周某陷入急迫的危险状态，同时，李某在惊恐状态下求救，在思虑上难以周全，衡诸当时的情形，一般而言，李某并不负有将戊患有躁郁症、在情绪激动时具有实施杀人行为的可能性、正在用水果刀撬门等事实告知周某的作为义务。在戊对周某实施杀害行为时，李某即使报警也来不及防免损害后果，若开门营救不仅不能防免周某遭受损害的后果，还可能引起戊杀害李某的后果，此时，应当认定李某已经丧失作为的能力（缺乏期待可能性）。因此，对周某死亡的后果，李某不成立不作为侵权。

【答案】依照现行法，对周某死亡的后果，李某不成立特殊侵权，同时李某未实施作为的加害行为，仅系不作为。对周某死亡的后果，李某的不作为是否成立《民法典》第1165条规定的过错侵权，有争议，主要有两种观点。观点（一）：对周某死亡的后果，李某成立不作为侵权。该观点所持理由在于：李某知道戊患有躁郁症并且知道戊在情绪激动时具有实施杀人行为的可能性，李某请求周某前往规劝戊的先前行为，诱发或者开启了周某遭受戊伤害的危险状态，李某因此负有采取积极行为防范周某遭受戊加害的作为义务，李某未履行将戊患有躁郁症、在情绪激动时具有实施杀人行为的较大可能性、正在用水果刀撬门等事实告知周某的提示义务，在戊对周某实施人身伤害行为时，李某亦未履行必要、可能范围内的协助义务（如报警、让周某进入屋内躲避），致使周某没有躲避危险的可能。因此，李某负有作为的义务且有作为的能力而不作为，由此导致周某被戊杀害的损害后果，李某主观上有过错，对周某死亡的后果，李某成立《民法典》第1165条第1款规定的过错侵权。观点（二）：对周某死亡的后果，李某不成立不作为侵权。该观点所持理由在于：李某请求周某前往规劝戊的行为，虽然具有引起戊伤害周某的可能性，但是，并未因此使周某陷入急迫的危险状态，同时，李某在惊恐状态下求救，在思虑上难以周全，衡诸当时的情形，一般而言，李某并不负有将戊患有躁郁症、在情绪激动时具有实施杀人行为的较大可能性、正在用水果刀撬门等事实告知周某的作为义务。在戊对周某实施杀害行为时，李某即使报警也来不及防免损害后果，若开门营救不仅不能防免周某遭受损害的后果，还可能引起戊杀害李某的后果，此时，应当认定李某已经丧失作为的能力（缺乏期待可能性）。因此，对周某死亡的后果，李某不成立不作为侵权。

第二部分　2016 年—2022 年民法案例分析题

（一）2016 年案例分析题

四、案例分析题。（本题 22 分）

案情：

【1】自然人甲与乙订立借款合同，其中约定甲将自己的一辆汽车作为担保物让与给乙。借款合同订立后，甲向乙交付了汽车并办理了车辆的登记过户手续。乙向甲提供了约定的 50 万元借款。

【2】一个月后，乙与丙公司签订买卖合同，将该汽车卖给对前述事实不知情的丙公司并实际交付给了丙公司，但未办理登记过户手续，丙公司仅支付了一半购车款。某天，丙公司将该汽车停放在停车场时，该车被丁盗走。丁很快就将汽车出租给不知该车来历的自然人戊，戊在使用过程中因汽车故障送到己公司修理。己公司以戊上次来修另一辆汽车时未付修理费为由扣留该汽车。汽车扣留期间，己公司的修理人员庚偷开上路，驾驶违章撞伤行人辛，辛为此花去医药费 2000 元。现丙公司不能清偿到期债务，法院已受理其破产申请。

问题：

1. 甲与乙关于将汽车让与给债权人乙作为债务履行担保的约定效力如何？为什么？乙对汽车享有什么权利？

【考点】让与担保

【解析】①“让与担保”属于“非典型担保”。所谓“让与担保”，指债务人或第三人与债权人约定，为担保债务的履行，债务人或第三人将其财产（动产、不动产、股权、知识产权财产权、债权等）的财产权（所有权、股权、知识产权财产权、债权等）在形式上移转到债权人名下，使债权人在不超过担保目的范围内取得担保财产的财产权，若债务人到期清偿了全部债务，债权人将该财产权返还给担保人（债务人或者第三人）；若债务人不履行到期债务，债权人有权对担保财产折价或者以拍卖、变卖担保财产所得价款偿还债务的非典型担保。

②让与担保的设立与效力，规定在《民法典担保制度解释》第68条。《民法典担保制度解释》第68条第1款规定："债务人或者第三人与债权人约定将财产形式上转移至债权人名下，债务人不履行到期债务，债权人有权对财产折价或者以拍卖、变卖该财产所得价款偿还债务的，人民法院应当认定该约定有效。当事人已经完成财产权利变动的公示，债务人不履行到期债务，债权人请求参照民法典关于担保物权的有关规定就该财产优先受偿的，人民法院应予支持。"《民法典担保制度解释》第68条第2款规定："债务人或者第三人与债权人约定将财产形式上转移至债权人名下，债务人不履行到期债务，财产归债权人所有的，人民法院应当认定该约定无效，但是不影响当事人有关提供担保的意思表示的效力。当事人已经完成财产权利变动的公示，债务人不履行到期债务，债权人请求对该财产享有所有权的，人民法院不予支持；债权人请求参照民法典关于担保物权的规定对财产折价或者以拍卖、变卖该财产所得的价款优先受偿的，人民法院应予支持；债务人履行债务后请求返还财产，或者请求对财产折价或者以拍卖、变卖所得的价款清偿债务的，人民法院应予支持。"

③甲、乙约定，甲将其动产（某汽车）的所有权在形式上移转归乙享有，以担保甲对乙借款债务的履行，这一约定属于让与担保合同，根据《民法典担保制度解释》第68条的规定，甲、乙间的让与担保合同不因其内容为设立让与担保而具有效力瑕疵，根据现行法的规定，甲、乙间的让与担保合同有效。

④甲、乙间的让与担保协议有效，甲拥有相应的处分权，已经完成将担保财产权利变动的公示（约定汽车的所有权归乙享有，并以现实交付的方式向乙完成汽车的交付；须注意：以动产设立让与担保，仅以占有改定的方式完成动产的交付，公示的手段即属充分，即能够发生物权变动的效果），根据《民法典担保制度解释》第68条的规定，已经发生基于法律行为的动产物权变动效果，乙对担保财产（该汽车）享有作为非典型担保物权的让与担保担保物权，但是，乙对担保财产（该汽车）并不享有所有权。

⑤题外话：本题是2016年司考的考题，当时，法律对让与担保未作规定，对让与担保的效力存有争议，因此，本题第1问，2016年的答案是开放的，应当将有争议的观点一并答出。2020年12月颁布的《民法典担保制度解释》第68条对让与担保作了规定，因此，2021年以后，本题第1问的答案是唯一的，应当依照《民法典担保制度解释》第68条的规定答题。

【答案】①甲、乙的约定有效，且已发生物权效力。理由在于：甲、乙约定，甲将其汽车所有权在形式上移转到乙的名下，以担保甲对乙借款债务的履行，该约定属于让与担保合同，根据《民法典担保制度解释》第68条的规定，甲、乙间的让与担保合同不因其内容为设立让与担保而具有效力瑕疵，根据现行法的规定，甲、乙间的让与担保合同有效。②甲已经向乙完成汽车的交付（已经完成将担保财产权利变动的公示），根据《民法典担保制度解释》第68条的规定，已经发生物权变动的效果，乙对担保财产（该汽车）享有作为非典型担保物权的让与担保担保物权，但是，乙对担保财产（该汽车）并不享有所有权。

2. 甲主张乙将汽车出卖给丙公司的合同无效，该主张是否成立？为什么？

【考点】无权处分；善意取得

【解析】①《民法典》第597条第1款规定："因出卖人未取得处分权致使标的物所有权不能转移的，买受人可以解除合同并请求出卖人承担违约责任。"如前所述，乙对该汽车仅享有作为非典型担保物权的让与担保担保物权，而不享有所有权，乙仅在担保目的范围内享有处分担保财产（该汽车）的处分权（即在被担保的借款债务到期未获清偿时，协议该汽车折价归乙所有以优先抵偿被担保的借款债务或者拍卖、变卖该汽车并就变卖的价款优先受偿被担保的借款债务），因此，让与担保期间，乙将该汽车出卖给丙，属于无权处分，但根据《民法典》第597条第1款的规定，无权处分的事实不影响买卖合同的效力，乙、丙间的汽车买卖合同已经成立并有效。

②乙虽属无权处分，但根据《民法典》第311条和《民法典物权编解释（一）》〔1〕的相关规定，丙符合善意取得该汽车所有权的五个条件：(a) 该汽车为占有委托物（标的物适合善意取得）；(b) 动产的占有人乙以自己的名义实施无权处分（具有权利外观）；(c) 丙受让该汽车时（受让交付时）为善意；(d) 约定丙以合理的价格受让（虽仅实际支付了一半价款，但约定以合理价格受让即可）；(e) 乙已经向丙完成汽车的交付（就公示而言，善意取得汽车的所有权，无须为受让人办理过户登记，仅需以现实交付、简易交付或者指示交付的方式向受让人完成交付）。因此，丙已经善意取得该车所有权。

〔1〕《最高人民法院关于适用〈中华人民共和国民法典〉物权编的解释（一）》，以下简称《民法典物权编解释（一）》。

【答案】甲的主张不成立。理由在于：乙对该车仅享有让与担保担保物权，因此，乙将该车出卖给丙属于无权处分，根据《民法典》第 597 条第 1 款的规定，无权处分的事实不影响买卖合同的效力，乙、丙间的汽车买卖合同已经成立并有效。同时，根据《民法典》第 311 条的规定，丙符合善意取得该车所有权的全部构成要件，丙已经善意取得对该车的所有权。

3. 丙公司请求乙将汽车登记在自己名下是否具有法律依据？为什么？

【考点】买卖合同；出卖人的合同义务

【解析】①《民法典》第 509 条第 1 款规定："当事人应当按照约定全面履行自己的义务。"《民法典》第 598 条规定："出卖人应当履行向买受人交付标的物或者交付提取标的物的单证，并转移标的物所有权的义务。"《民法典》第 599 条规定："出卖人应当按照约定或者交易习惯向买受人交付提取标的物单证以外的有关单证和资料。"据此，基于乙、丙间有效的汽车买卖合同，出卖人乙不仅对买受人丙负担交付标的物（或者提取标的物的单证）并移转所有权的主给付义务，还负担交付其他单证和资料的从给付义务。

②《民法典》第 225 条规定："船舶、航空器和机动车等的物权的设立、变更、转让和消灭，未经登记，不得对抗善意第三人。"如前所述，自受让乙的交付时，丙善意取得该车的所有权，但是，在为丙办理过户登记之前，丙取得的汽车所有权不完整（不能对抗善意第三人），因此，基于乙、丙间有效的汽车买卖合同，丙有权请求乙履行为自己办理汽车过户登记的合同义务（主给付义务）。

【答案】丙公司请求乙将汽车登记在自己名下，这一请求具有法律上的依据。理由在于：根据《民法典》第 598 条与第 599 条的规定，基于乙、丙间有效的汽车买卖合同，乙对丙负担交付汽车、移转汽车所有权的主给付义务和交付有关单证和资料的从给付义务。虽然自丙受让该车交付时，丙善意取得该车所有权，但是，根据《民法典》第 225 条的规定，若未给丙办理汽车所有权的过户登记，丙善意取得的所有权尚不完整（不能对抗善意第三人），因此，基于乙、丙间有效的汽车买卖合同，丙有权请求乙履行为自己办理汽车过户登记的主给付义务。

4. 丁与戊的租赁合同是否有效？为什么？丁获得的租金属于什么性质？

【考点】擅自出租他人之物；不当得利

【解析】①《民法典》第723条第1款规定："因第三人主张权利，致使承租人不能对租赁物使用、收益的，承租人可以请求减少租金或者不支付租金。"该款的规范内容是，擅自出租他人之物的，擅自出租的事实，"不影响租赁合同的效力"。据此，丁盗窃丙所有的汽车后，丁出租给戊，属于擅自出租他人之物，丁擅自出租的事实不影响租赁合同的效力，丁、戊间的汽车租赁合同已经成立并有效。

②丁将汽车出租给戊期间，丁为汽车的间接占有人。丁获得财产利益（丁间接占有该车并获得使用汽车的收益），并因此给所有权人丙造成财产损失（丙不能占有使用汽车，汽车因戊使用而损耗），丁相对于丙为无权占有，丁取得该财产利益欠缺法律上的原因，根据《民法典》第985条的规定，成立侵害权益型不当得利，丙就此对丁享有不当得利返还请求权。丁取得的不当得利为"对汽车的无权占有和用益"，该得利依照性质不能返还，采用变通的返还方法，丁向丙返还相应的价额（占有使用该车的市场价额）。当然，丁的行为也成立过错侵权，丙亦可选择对丁主张侵权损害赔偿请求权。

③题外话：针对第4问涉及的不当得利问题，应注意三点：第一，丁取得的"租金"，来源于丁、戊间有效的租赁合同，具有法律上的原因，丁对戊不成立不当得利。第二，相对于所有人丙，丁对汽车属于"无权间接占有"和"无权用益"，因此，丁对丙成立不当得利。第三，相对于所有人丙，戊对汽车属于"无权直接占有"和"无权用益"，因此，戊对丙成立不当得利。

【答案】**①丁与戊的租赁合同有效。理由在于：丁盗走该车后出租给戊，属于擅自出租他人之物，根据《民法典》第723条第1款的规定，丁擅自出租他人之物的事实不影响丁与戊租赁合同的效力。②丁获得的租金等财产利益，对丙成立不当得利。理由在于：相对于所有人丙，丁对汽车的无权占有与无权用益欠缺法律上的原因，根据《民法典》第985条的规定，成立不当得利，丁的得利依照性质不能返还，采用变通的返还方法，丁应向丙返还相应的价额，即占有使用该车的市场价额。**

5. 己公司是否有权扣留汽车并享有留置权？为什么？

【考点】**民事留置权；商事留置权**

【解析】①《民法典》第448条规定："债权人留置的动产，应当与债权属于同一法律关系，但是企业之间留置的除外。"《民法典担保制度解释》第62条第1款规定："债务人不履行到期债务，债权人因同一法律关系留置合法占有的第三人的动产，并主张就该留置财产优先受偿的，人民法院应予支持。第三人以该留置财产并非债务人的财产为由请求返还的，人民法院不予支持。”留置权包括“民事留置权”和“商事留置权”两种。成立“民事留置权”，要求债权人合法占有的动产与被担保的债权属于同一法律关系。己公司因为此次加工承揽占有戊送修的汽车，与因为上次加工承揽对戊享有的到期修理费债权，不属于同一法律关系，不具有牵连性，因此，己公司对占有的该车不成立“民事留置权”。

②《民法典担保制度解释》第62条第2款规定：“企业之间留置的动产与债权并非同一法律关系，债务人以该债权不属于企业持续经营中发生的债权为由请求债权人返还留置财产的，人民法院应予支持。”《民法典担保制度解释》第62条第3款规定：“企业之间留置的动产与债权并非同一法律关系，债权人留置第三人的财产，第三人请求债权人返还留置财产的，人民法院应予支持。”成立商事留置权，虽然不要求债权人合法占有的动产与被担保的债权属于同一法律关系，但是，成立商事留置权，要求债务人与债权人均为企业，还要求债权人合法占有归债务人所有的动产。本题中，债务人戊为自然人而非企业，同时，己公司占有的汽车不归债务人戊所有，而是归第三人丙所有，因此，己公司对占有的汽车亦不成立“商事留置权”。

【答案】己公司无权扣留汽车并享有留置权。理由有两点：第一，己公司因为此次承揽占有戊送修的汽车，与因为上次承揽对戊享有的到期修理费债权，不属于同一法律关系，不具有牵连性，因此，己公司对占有的该车不成立“民事留置权”。第二，债务人戊为自然人而非企业，同时，己公司合法占有的汽车不归债务人戊所有，而是归第三人丙所有，因此，己公司对占有的汽车亦不成立“商事留置权”。

6. 如不考虑交强险责任，辛的2000元损失有权向谁请求损害赔偿？为什么？

【考点】机动车交通事故责任；用人者责任

【解析】①《民法典》第1208条规定：“机动车发生交通事故造成损害的，依照道路交通安全法律和本法的有关规定承担赔偿责任。”庚驾车违章发生机动车道路交通事故致行人辛遭受人身损害，属于“机动车与行人之间”发生道路交通事故致人损害，根据《道路交通安全法》第76条的规定，交强险的保险金不足以弥补的辛的损失，机动车一方承担无过错侵权责任。但有减免事由：（a）如行人辛故意碰撞机动车，免除机动车一方的责任；（b）若行人辛具有过失，可以适当减轻机动车一方的责任；（c）若机动车一方能证明自己无过错，机动车一方承担不超过10%的责任。本题所述情形不存在减免事由，因此，对辛遭受的损害，机动车一方承担全部侵权损害赔偿责任。

②《民法典》第 1191 条第 1 款规定："用人单位的工作人员因执行工作任务造成他人损害的，由用人单位承担侵权责任。用人单位承担侵权责任后，可以向有故意或者重大过失的工作人员追偿。"根据通说，认定用人单位的工作人员是否属于"因执行工作任务致人损害"时，应采"客观判断标准"，即从"一个客观观察者的视角"，考虑到加害时的客观外在事实，根据该工作人员的行为外观，足以认为该行为与执行职务具有内在关联，即应认定该行为的表现形式是执行工作任务。本题中，庚虽系"偷开上路"，但依此客观判断标准，应认定庚属于"因执行工作任务"致人损害构成侵权，根据《民法典》第 1191 条第 1 款的规定，应当由用人单位己公司承担无过错的替代责任，庚不是对外承担侵权责任的主体，庚不对外承担责任。己公司对外承担无过错替代责任后，有权对有故意或者重大过失的庚追偿。

③《民法典》第 1193 条规定："承揽人在完成工作过程中造成第三人损害或者自己损害的，定作人不承担侵权责任。但是，定作人对定作、指示或者选任有过错的，应当承担相应的责任。"据此，戊与己公司因修车成立承揽合同，承揽期间，承揽人己公司因道路交通事故致辛人身损害构成侵权，但是，定作人戊对定作、指示或者选任均无过错，对该机动车道路交通事故侵权责任，定作人戊不承担责任。

④题外话：本题中，汽车修理期间，戊对修理的汽车不享有运行利益，亦无运行控制地位，同时，戊作为定作人亦无定作、选任、指示方面的过错，因此，对辛遭受的人身损害，戊不承担侵权责任。但是，我们需要注意一种假设情形。假设戊驾驶该车发生交通事故致行人辛遭受人身损害，则应适用《民法典》第 1215 条第 1 款的规定，丁与戊应当承担连带责任。《民法典》第 1215 条第 1 款规定，盗窃人、抢劫人或者抢夺人与机动车使用人不是同一人，发生交通事故造成损害，属于该机动车一方责任的，由盗窃人、抢劫人或者抢夺人与机动车使用人承担连带责任。

【答案】辛有权请求己公司承担侵权损害赔偿责任。理由在于：第一，庚偷开上路，该行为虽然超出单位授权指示的范围，但其表现形式是执行工作任务，庚属于因执行工作任务致人损害成立侵权，根据《民法典》第 1191 条第 1 款的规定，应当由用人单位己公司承担无过错的替代责任，庚不对外承担责任，己公司对外承担责任后，有权向有故意或者重大过失的庚追偿。第二，承揽期间，承揽人己公司致人损害构成侵权，定作人戊对

定作、指示或者选任均无过错，根据《民法典》第1193条的规定，戊不承担侵权责任。

7. 丙公司与乙之间的财产诉讼管辖应如何确定？法院受理丙公司破产申请后，乙能否就其债权对丙公司另行起诉并按照民事诉讼程序申请执行？

【考点】企业破产程序

【解析】①《企业破产法》第3条规定："破产案件由债务人住所地人民法院管辖。"《企业破产法》第21条规定："人民法院受理破产申请后，有关债务人的民事诉讼，只能向受理破产申请的人民法院提起。"据此，人民法院受理债务人破产的案件后，债权人只能通过参与破产程序的方式行使债权，而不能在破产程序之外，另行提起民事诉讼。

②《企业破产法》第44条规定："人民法院受理破产申请时对债务人享有债权的债权人，依照本法规定的程序行使权利。"《企业破产法》第48条第1款规定："债权人应当在人民法院确定的债权申报期限内向管理人申报债权。"《企业破产法》第113条第1款规定："破产财产在优先清偿破产费用和共益债务后，依照下列顺序清偿：（一）破产人所欠职工的工资和医疗、伤残补助、抚恤费用，所欠的应当划入职工个人账户的基本养老保险、基本医疗保险费用，以及法律、行政法规规定应当支付给职工的补偿金；（二）破产人欠缴的除前项规定以外的社会保险费用和破产人所欠税款；（三）普通破产债权。"《企业破产法》第113条第2款规定："破产财产不足以清偿同一顺序的清偿要求的，按照比例分配。"据此，债权人参与破产程序的方式为"申报破产债权"；债权人获得清偿的方式为，同一顺序的债权按债权比例就破产财产"平等受偿"（享有优先受偿权、别除权的债权除外）。

【答案】丙公司与乙之间的财产诉讼应该由破产案件受理的人民法院管辖。法院受理丙公司破产申请后，乙应当申报债权，如果对于债权有争议，可以向受理破产申请的人民法院提起诉讼，但不能按照民事诉讼程序申请执行。

（二）2017年案例分析题

四、案例分析题。（本题22分）

案情：

【1】2016年1月10日，自然人甲为创业需要，与自然人乙订立借款

合同，约定甲向乙借款100万元，借款期限1年，借款当日交付。2016年1月12日，双方就甲自有的M商品房又订立了一份商品房买卖合同，其中约定：如甲按期偿还对乙的100万元借款，则本合同不履行；如甲到期未能偿还对乙的借款，则该借款变成购房款，甲应向乙转移该房屋所有权；合同订立后，该房屋仍由甲占有使用。

【2】2016年1月15日，甲用该笔借款设立了S个人独资企业。为扩大经营规模，S企业向丙借款200万元，借款期限1年，丁为此提供保证担保，未约定保证方式；戊以一辆高级轿车为质押并交付，但后经戊要求，丙让戊取回使用，戊又私自将该车以市价卖给不知情的己，并办理了过户登记。

【3】2016年2月10日，甲因资金需求，瞒着乙将M房屋出卖给了庚，并告知庚其已与乙订立房屋买卖合同一事。2016年3月10日，庚支付了全部房款并办理完变更登记，但因庚自3月12日出国访学，为期4个月，双方约定庚回国后交付房屋。

【4】2016年3月15日，甲未经庚同意将M房屋出租给知悉其卖房给庚一事的辛，租期2个月，月租金5000元。2016年5月16日，甲从辛处收回房屋的当日，因雷电引发火灾，房屋严重毁损。根据甲卖房前与某保险公司订立的保险合同（甲为被保险人），某保险公司应支付房屋火灾保险金5万元。2016年7月13日，庚回国，甲将房屋交付给了庚。

【5】2017年1月16日，甲未能按期偿还对乙的100万元借款，S企业也未能按期偿还对丙的200万元借款，现乙和丙均向甲催要。

问题：

1. 就甲对乙的100万元借款，如乙未起诉甲履行借款合同，而是起诉甲履行买卖合同，应如何处理？请给出理由。

【考点】后让与担保

【解析】①甲、乙约定，甲以将其M房屋出卖给乙的方式，担保甲对乙100万元借款债务的履行，甲尚未给乙办理过户登记。甲、乙还约定，若甲到期清偿了对乙的借款债务，M房屋买卖合同不再履行；若甲到期不履行借款债务，甲为乙办理M房屋的过户登记，由乙终局确定取得M房屋的所有权，以抵偿甲对乙的借款债务。根据《民法典担保制度解释》第68条的规定，甲、乙这一约定属于"让与担保合同"，由于甲尚未完成财产权利变动的公示（尚未给乙办理M房屋的过户登记），未发生物权变动的效果，乙对担保财产M房屋不享有让与担保担保物权，仅成立"后让与担保"（又称为"买卖型担保"，即以订立买卖合同的方式担保借款债务的履行)。“后让与担保”的特征及担保效力,规定在《民间借贷规定》[1]第23条。

②《民间借贷规定》第23条第1款规定:“当事人以订立买卖合同作为民间借贷合同的担保,借款到期后借款人不能还款,出借人请求履行买卖合同的,人民法院应当按照民间借贷法律关系审理。当事人根据法庭审理情况变更诉讼请求的,人民法院应当准许。”《民间借贷规定》第23条第2款规定:“按照民间借贷法律关系审理作出的判决生效后,借款人不履行生效判决确定的金钱债务,出借人可以申请拍卖买卖合同标的物,以偿还债务。就拍卖所得的价款与应偿还借款本息之间的差额,借款人或者出借人有权主张返还或者补偿。”

③根据《民间借贷规定》第23条的规定,甲、乙间的M房屋买卖合同,虽然在形式上为一个买卖合同,实质上是一个让与担保合同,功能在于担保借款债务的履行,具有从属性,因此,若借款到期未获清偿时乙诉请甲履行M房屋买卖合同,法院应当按照借款合同审理。依照借款合同审理作出的乙胜诉的判决生效后,甲仍不履行借款债务的,乙有权申请法院拍卖M房屋,并以拍卖M房屋所得价款清偿甲对乙的借款债务,并进行清算(多退少补),但是,乙对拍卖M房屋所得价款并不享有优先受偿权,不享有优先于甲的其他普通债权人优先受偿的权利。

【答案】①甲、乙约定,甲以将其M房屋出卖给乙的方式,担保甲对乙100万元借款债务的履行,根据《民法典担保制度解释》第68条的规定,甲、乙的这一约定属于让与担保合同,甲尚未给乙办理M房屋的过户登记,未发生物权变动,乙对M房屋不享有让与担保担保物权,仅成立后让与担保(即以订立买卖合同的方式担保借款债务的履行)。②若借款到期未获清偿时乙诉请甲履行M房屋买卖合同,根据《民间借贷规定》第23条的规定,法院应当按照借款合同审理。依照借款合同审理作出的乙胜诉的判决生效后,甲仍不履行借款债务的,乙有权申请法院拍卖M房屋,并以拍卖M房屋所得价款清偿甲对乙的借款债务,并进行清算(多退少补),但是,乙对拍卖M房屋所得价款并不享有优先受偿权,不享有优先于甲的其他普通债权人优先受偿的权利。

2. 就S企业对丙的200万元借款,甲、丁、戊各应承担何种责任?为什么?

---

〔1〕《最高人民法院关于审理民间借贷案件适用法律若干问题的规定》,以下简称《民间借贷规定》。

【考点】非法人组织；保证（保证方式）；动产质权的消灭

【解析】①《民法典》第102条第2款规定："非法人组织包括个人独资企业、合伙企业、不具有法人资格的专业服务机构等。"《民法典》第104条规定："非法人组织的财产不足以清偿债务的，其出资人或者设立人承担无限责任。法律另有规定的，依照其规定。"《个人独资企业法》第31条规定："个人独资企业财产不足以清偿债务的，投资人应当以其个人的其他财产予以清偿。"据此，S个人独资企业对丙负担的200万元借款债务到期后，先以S企业的财产清偿，S企业的财产不足以清偿部分的，由出资人甲承担无限清偿责任。

②《民法典》第686条第2款规定："当事人在保证合同中对保证方式没有约定或者约定不明确的，按照一般保证承担保证责任。"据此，因未约定保证方式，保证人丁的保证方式为一般保证，丁享有先诉抗辩权，在丙对S企业和甲强制执行完毕无效果之前，丁可行使先诉抗辩权，拒绝承担保证责任。

③戊以其汽车为丙设立动产质权，双方质押合同有效，戊有出质的处分权，已经完成了出质汽车的现实交付，根据《民法典》第429条的规定，丙对汽车的质权已经设立。不过，丙对戊汽车的质权，作为"占有质权"，其设立与存续，均以债权人丙占有质押的动产为前提。因此，根据民法理论，质权人丙"自愿"将质押的汽车返还给出质人戊时，丙对汽车的质权消灭。因此，S企业对丙负担的200万元借款债务到期时，戊不承担质押担保责任。

【答案】①就甲而言，根据《民法典》第104条的规定，S企业对丙的200万元借款到期后，先以S企业的财产清偿；S企业不足以清偿的部分，由出资人甲承担无限清偿责任。②就丁而言，由于未约定保证方式，根据《民法典》第686条第2款的规定，丙的保证方式为一般保证，若丁行使先诉抗辩权，丁仅对S企业和出资人甲不能清偿的部分承担补充责任。③就戊而言，丙对戊的汽车质权设立后，丙将质押的汽车返还给出质人戊后，根据通说观点，丙对汽车的质权消灭，因此，戊无须对丙承担质押担保责任。

3. 甲、庚的房屋买卖合同是否有效？庚是否已取得房屋所有权？为什么？

【考点】多重买卖合同的效力；基于法律行为的不动产物权变动

【解析】①甲将M房屋出卖给乙以担保借款债务的履行后，在将所有权在形式上移转给乙之前，甲又将M房屋出卖给庚，属于房屋的多重买卖。

②根据通说观点以及参照原《合同法解释（二）》第15条规定的裁判思路，“多重买卖的事实”不影响多重买卖中每一个买卖合同的效力，因此，甲、庚的房屋买卖合同“不因多重买卖而具有效力瑕疵”，甲、庚间的房屋买卖合同已经成立并有效。

③《民法典》第209条第1款规定：“不动产物权的设立、变更、转让和消灭，经依法登记，发生效力；未经登记，不发生效力，但是法律另有规定的除外。”据此，甲、庚间的房屋买卖合同有效，甲拥有出卖给庚的处分权，已经为庚办理完毕房屋的过户登记，根据《民法典》第209条第1款的规定，符合基于法律行为的不动产物权变动规则，庚已经取得M房屋的所有权。

【答案】甲、庚的房屋买卖合同有效。庚已经取得房屋所有权。理由在于：第一，甲将M房屋出卖给乙以担保借款债务的履行后，在将所有权在形式上移转给乙之前，甲又将M房屋出卖给庚，属于房屋的多重买卖。根据通说观点，甲、庚的房屋买卖合同“不因多重买卖而具有效力瑕疵”，甲、庚间的房屋买卖合同已经成立并有效。第二，甲拥有出卖给庚的相应处分权，根据《民法典》第209条第1款的规定，自为庚办理过户登记时，庚取得对M房屋的所有权。

4. 谁有权收取M房屋2个月的租金？为什么？

【考点】孳息的归属

【解析】①甲将M房屋出租给辛时，房屋的所有权归庚享有，未经庚同意，甲擅自将M房屋出租给辛，甲、辛间的房屋租赁合同属于因甲擅自出租他人之物订立的租赁合同。《民法典》第723条第1款规定：“因第三人主张权利，致使承租人不能对租赁物使用、收益的，承租人可以请求减少租金或者不支付租金。”据此，擅自出租的事实，不影响租赁合同的效力，甲、辛间的M房屋租赁合同有效，甲享有请求辛支付租金的合同债权。

②《民法典》第630条规定：“标的物在交付之前产生的孳息，归出卖人所有；交付之后产生的孳息，归买受人所有。但是，当事人另有约定的除外。”出租M房屋所得租金，属于M房屋所生的“法定孳息”，甲、庚未约定该法定孳息所有权的归属，甲虽为庚办理了房屋的过户登记，但甲尚未向庚交付房屋，根据《民法典》第630条的规定，作为法定孳息的租金应由出卖人甲取得所有权。

③题外话：很多人有这样的疑问：庚已经是M房屋所有权人了，所有

权是对所有物依法享有占有、使用、收益和处分的权利，既然所有权包含收益权能，作为收益的法定孳息（租金），为什么不由庚取得呢？消除这一疑惑的关键在于了解"所有权权能分离的现象"。甲尚未依照有效的买卖合同向庚交付房屋，甲还没有向庚移转对M房屋的占有、使用、收益权能，M房屋的占有、使用、收益权能仍归甲享有，甲虽然给庚办理过户登记，向庚移转了M房屋的所有权，但是，移转给庚的所有权暂时仅包含处分权能，还不包含占有、使用、收益权能。因此，甲对M房屋享有收益权能期间，出租M房屋所得租金，当然应当归甲取得所有权。

【答案】甲有权收取并取得所有权。理由在于：第一，未经所有权人庚的同意，甲将M房屋出租给辛，属于擅自出租他人之物，根据《民法典》第723条第1款的规定，甲、辛间的房屋租赁合同有效，甲有权向辛收取租金。第二，出租M房屋所得租金属于甲、庚的买卖合同标的物（M房屋）所生的法定孳息，甲、庚未约定其所有权的归属，甲向庚交付M房屋之前，M房屋所生的法定孳息，根据《民法典》第630条的规定，由出卖人甲取得所有权。

5. 谁应承担M房屋火灾损失？为什么？

【考点】 买卖合同的风险负担

【解析】 ①所谓"买卖合同的风险负担"，指买卖合同生效后，买卖合同因清偿而消灭之前，买卖标的物因不可归责于出卖人和买受人的原因毁损灭失的，由谁承担价金风险的问题。买卖合同的双方当事人可以约定风险负担的规则，没有约定的，适用法定的风险负担规则。

②《民法典》第604条规定："标的物毁损、灭失的风险，在标的物交付之前由出卖人承担，交付之后由买受人承担，但是法律另有规定或者当事人另有约定的除外。"本题中，雷击失火导致买卖的M房屋严重毁损，属于"买卖的标的物因不可归责于双方当事人的原因毁损灭失"，存在风险负担的问题。甲、庚未约定风险负担的规制，出卖人甲虽已经向买受人庚移转房屋所有权，但尚未向买受人庚完成房屋的交付，根据《民法典》第604条的规定，应由出卖人甲负担风险。

【答案】应由甲承担。理由在于：甲、庚间的M房屋买卖合同，虽然甲已经为庚办理了过户登记，但甲尚未向庚交付房屋，M房屋因不可归责于双方的原因毁损、灭失的，根据《民法典》第604条的规定，应当由出卖人甲承担风险。

6. 谁有权享有M房屋火灾损失的保险金请求权？为什么？

【考点】财产保险合同

【解析】①《保险法》第12条第5款规定："被保险人是指其财产或者人身受保险合同保障，享有保险金请求权的人。投保人可以为被保险人。"《保险法》第18条第3款规定："受益人是指人身保险合同中由被保险人或者投保人指定的享有保险金请求权的人。投保人、被保险人可以为受益人。"据此，一般而言，只有投保人、被保险人和受益人享有保险金请求权。甲以M房屋为保险标的投保财产保险，甲既是投保人，也是被保险人。

②《保险法》第49条第1款规定："保险标的转让的，保险标的的受让人承继被保险人的权利和义务。"据此，甲以M房屋为保险标的投保财产保险，成立财产保险合同后，因甲已将M房屋（保险标的）的所有权移转给庚，庚承继甲基于财产保险合同享有的权利与负担的义务，保险事故发生时，庚（而非甲）享有M房屋火灾损失的保险金请求权。

③题外话："不识庐山真面目，只缘身在此山中。"本题第6问关注的焦点为，就M房屋的毁损、灭失，谁对保险公司享有"保险金请求权"。这一问题，还需与买卖合同风险负担的规则相结合，一并把握，才算立即到位。根据通说观点，买卖合同，负担风险的一方享有"代偿请求权"，就是说，M房屋意外毁损后，虽然是庚对保险公司享有保险金请求权，但是，承担风险的甲有权行使"代偿请求权"，请求庚将对保险公司享有的保险金请求权让与给甲，最终保险金归甲享有。

【答案】庚享有请求权。根据《保险法》第49条第1款的规定，保险标的转让的，保险标的的受让人承继被保险人的权利和义务。

（三）2018年案例分析题

四、案例分析题。（本题54分）

案情：

【1】甲公司在H省A市获得土地使用权一宗，欲将其开发为旅游度假地产，与乙公司签订建设工程施工合同，约定如果出现纠纷协商解决，协商不成的，任何一方均可向H省B市仲裁委员会申请裁决。

【2】由于甲公司在约定期限内未支付乙公司工程进度款8000万元，多次催促无果后，在第三人的协调下双方达成协议：协议之前的工程进度款8000万元加利息500万元算作甲公司向乙公司的借款，乙公司同意配合甲公司以正在建设的未完工程向银行抵押贷款2亿元，贷款获得后先支付

乙公司8500万元欠款中的5000万元，剩余的1.5亿元贷款存入双方的共管账户。同时约定，甲公司的印章须由乙公司代管，甲公司需要印章时，须经乙公司同意。

【3】之后，乙公司未与甲公司协商，自己草拟了一份补充协议，其中写明甲公司对乙公司的欠款总额，并将仲裁机关改为G省C市仲裁委，之后加盖了乙公司和甲公司的公章。在此后的建筑施工中乙公司购买建筑材料时，为了冲抵甲公司的借款，有时直接以甲公司的名义并加盖其公章与材料供应商签订合同。

【4】为更有效地销售商品房，甲公司委托丙公司代为销售所建筑的房屋，乙公司同意。甲公司与丙公司签订了委托合同，加盖了甲公司的公章。此时，丙公司已经通过程序更换了法定代表人，但尚未变更工商登记，签订合同的法定代表人崔某是新更换的法定代表人（甲、乙公司共同派律师进行查询，查明了崔某上述真实身份）。合同上仅由崔某签字，未盖丙公司公章。

【5】签约后，崔某派人在楼盘所在地搭建了销售部，取得预售许可证后开始销售房屋。销售过程中，甲公司觉得丙公司销售不力，遂书面通知解除委托合同。丙公司不服，提起诉讼请求确认合同解除的效力。一审判决丙公司败诉，丙公司不服一审判决，提起上诉，上诉状变更了诉讼请求，请求判决合同无效，要求甲公司赔偿实际支出。

【6】乙公司未经甲公司同意私自用其名义和公章与建筑材料供应商签订合同的问题，终被甲公司发现，遂提出进行对账，提出应将乙公司以甲公司名义签订的合同算作甲公司对乙公司的还款，但双方因对账数额相差太大而再次发生争议，于是，乙公司向G省C市仲裁委提起仲裁。甲公司提出管辖异议，提出自己从未与乙公司签订过补充协议、变更过仲裁管辖，但承认公章是真实的。G省C市仲裁委认为协议有效，于是作出裁决，裁决甲公司尚欠乙公司500万元，双方继续履行合同。甲公司准备向法院提出撤销该仲裁裁决。

【7】继续施工中，甲公司存入共管账户的贷款很快用完，再次拖延支付乙公司工程进度款长达2个月。无奈，甲公司通过民间借贷的方式筹集资金，一方面与出借人签订借款合同，另一方面与其签订房屋买卖合同。在借贷合同中约定，如果甲公司不能按期偿还借款，就按照房屋买卖合同交付房屋。即使如此，甲公司筹集的资金仍然不足以支付工程进度款，乙公司遂停工表示抗议。甲公司原计划迅速完工，可以快速筹集资金以支付欠款，但乙公司停工使得计划落空。于是，甲公司提出解除合同，另行

与其他建筑企业签订施工合同。

【8】以上纠纷使得甲公司资金状况出现严重危机，有的债权人要求甲公司按照合同约定偿还借款，有的提出交付房屋，有的到昌盛法院申请甲公司破产清算，昌盛法院裁定受理破产申请。丁公司是原来乙公司以甲公司名义签订材料供应合同的供应商，本已发货，得到破产清算的消息后，丁公司立刻让货运汽车返回；乙公司向管理人申报债权的时候，部分债权被管理人拒绝，乙公司无奈，准备先行诉请确认这些债权，但只想确认债权本金，利息另行确认。

问题：

1. 乙公司草拟补充协议并加盖甲公司公章的行为是否属于表见代理？如果甲公司能够证明补充协议是乙公司私自起草并加盖公章，G省C市仲裁委的仲裁裁决效力如何？为什么？

【考点】自己代理；表见代理；仲裁协议

【解析】①《民法典》第168条第1款规定："代理人不得以被代理人的名义与自己实施民事法律行为，但是被代理人同意或者追认的除外。"这是关于"自己代理"的规定。即使代理人享有代理权，代理人在代理权限范围内实施自己代理，属于"滥用代理权的行为"，不发生有权代理的法律效果，非经被代理人事先同意或者事后追认，自己代理实施的法律行为对被代理人不发生效力（不能归属于被代理人承受）。本题中，乙公司代理甲公司与乙公司订立补充协议，属于自己代理。即使乙公司代理时拥有代理权，亦属代理权滥用，不发生有权代理的法律效果，未经甲公司事先同意或者事后追认，该补充协议不能归属于甲公司承受。

②同时，乙公司未被授予代理权，乙公司代理甲公司与乙公司订立补充协议，属于无权代理；虽然加盖了甲公司的公章，也只能表明乙公司作为代理人时是以甲公司的名义与乙公司订立补充协议，不能改变乙公司缺乏代理权的事实，换言之，该补充协议属于"假人真章"合同。

③根据《民法典》第172条的规定，成立表见代理的要件有四：(a)代理人无代理权擅自以被代理人的名义与相对人实施法律行为；(b)客观上存在使相对人有理由相信代理人拥有代理权的客观事实（有权利外观）；(c)相对人善意且无过失；(d)权利外观的形成可归责于被代理人。本题中，没有代理权的乙公司代理甲公司与乙公司订立补充协议时，作为自己代理相对人的乙公司知道代理人没有代理权（知道自己没有代理权），属于恶意相对人，因此不成立表见代理。

④如前所述，该补充协议系乙公司自己代理、无权代理订立的，甲公

司未予追认，亦不符合表见代理的构成要件，该补充协议不能归属于甲公司承受，不能对甲公司发生效力，因此，G省C市仲裁委无管辖权。若G省C市仲裁委受理乙公司的仲裁申请并作出仲裁裁决，该仲裁裁决属于可撤销的仲裁裁决。

【答案】①不属于表见代理。理由在于：首先，乙公司未被授予委托代理权，乙公司代理甲公司与乙公司订立补充协议属于无权代理、自己代理，不存在需要保护交易安全的善意且无过失的相对人（第三人）；其次，加盖甲公司的公章仅表明乙公司系以甲公司的名义订立补充协议，不发生甲公司追认的效果。②G省C市仲裁委作出的仲裁裁决属于可撤销的仲裁裁决。理由在于：该补充协议系乙公司自己代理、无权代理订立的，甲公司未予追认，该补充协议不能归属于甲公司承受，不能对甲公司发生效力，因此，G省C市仲裁委无管辖权。

2. 甲公司欲申请法院撤销G省C市仲裁委的裁决，应向哪个法院提出？为什么？

【考点】地域管辖；级别管辖

【答案】略（属于民诉法考点）。

3. 甲公司与丙公司签订的委托合同是否有效？崔某在合同上签字的行为属于什么性质的行为？为什么？

【考点】法定代表人；代表行为

【解析】①《民法典》第65条规定：“法人的实际情况与登记的事项不一致的，不得对抗善意相对人。”据此，自丙公司选举崔某担任法定代表人的决议（股东会决议或者董事会决议）生效时，崔某取得丙公司法定代表人资格；未办理法定代表人变更登记的，不影响崔某取得丙公司法定代表人资格；未办理变更登记的，不得对抗善意相对人。因此，崔某以丙公司的名义与甲公司订立委托合同时，崔某享有代表权，属于有权代表行为。

②《民法典》第61条第2款规定：“法定代表人以法人名义从事的民事活动，其法律后果由法人承受。”据此，崔某作为丙公司的法定代表人，在代表权限范围内，以丙公司的名义与甲公司订立的委托合同，直接归属于丙公司承受（直接对丙公司生效）。

③《民法典》第490条第1款规定：“当事人采用合同书形式订立合同的，自当事人均签名、盖章或者按指印时合同成立。在签名、盖章或者按指印之前，当事人一方已经履行主要义务，对方接受时，该合同成立。”

崔某与甲公司订立委托合同时，在委托合同上加盖丙公司公章只有唯一的法律意义，即表明崔某不是以个人名义而是以丙公司名义订立合同，根据题目交代，委托合同已经载明当事人为丙公司与甲公司，即使未加盖丙公司公章，已足以表明崔某系以丙公司的名义订立合同。崔某在合同书上签名的法律意义在于，表明该合同是丙公司的法定代表人实施有权代表订立的合同，其法律效果直接归属于丙公司承受。同时，根据《民法典》第490条第1款的规定，崔某在合同书上签名、按指印或者加盖私章，具有同等法律效力。

【答案】①甲与丙的委托合同有效。②崔某在合同上签字的行为属于代表行为，且属于有权代表，该委托合同直接归属于丙公司承受。③理由在于：根据《民法典》第65条的规定，崔某自董事会（或股东会）决议生效时取得丙公司法定代表人资格，未办理工商变更登记，虽不能对抗善意第三人，但不影响崔某取得法定代表人资格，享有代表权。同时，由于委托合同已经明确载明当事人为丙公司和甲公司，即使未加盖丙公司公章，也足以表明崔某系以丙公司名义订立合同，根据《民法典》第61条第2款的规定，拥有代表权的崔某在合同上签名时，委托合同成立生效并直接归属于丙公司承受。

4. 甲公司是否有权解除与丙公司的委托合同？如果能够解除，是否有赔偿责任？赔偿范围是什么？为什么？

【考点】合同解除；委托合同

【解析】①《民法典》第933条规定："委托人或者受托人可以随时解除委托合同。因解除合同造成对方损失的，除不可归责于该当事人的事由外，无偿委托合同的解除方应当赔偿因解除时间不当造成的直接损失，有偿委托合同的解除方应当赔偿对方的直接损失和合同履行后可以获得的利益。"

②根据《民法典》第933条的规定，委托合同，双方当事人（委托人和受托人）均享有任意解除权。任意解除权是一种特殊法定解除权，有两个特点：第一，合同当事人依照法律规定享有任意解除权的，行使任意解除权不需要具体的理由。第二，行使任意解除权解除合同给对方造成损失的，解除方应当承担赔偿责任。若为无偿委托合同，解除方应当承担损害赔偿责任的范围为"因解除时间不当造成的直接损失"；若为有偿委托合同，解除方应当承担损害赔偿责任的范围为"对方的直接损失和可得利益的损失"。

③题目虽未作明确交代，但根据题意，甲公司与丙公司的委托合同为

有偿委托合同，因此，甲公司行使任意解除权给丙公司造成损害的，甲公司应对丙公司承担履行利益损害的赔偿责任，即赔偿丙公司因此遭受的直接损失和可以获得的利益。

【答案】①根据《民法典》第933条的规定，委托人甲公司享有任意解除权，甲公司有权随时解除与丙公司的委托合同。②甲公司行使任意解除权给丙公司造成损失的，甲公司应当对丙公司承担损害赔偿责任。由于该委托合同属于有偿合同，根据《民法典》第933条的规定，甲公司应对丙公司承担履行利益损害赔偿责任，即赔偿丙公司因此遭受的直接损失和可以获得的利益。

5. 丙公司是否可以在上诉状中提出变更诉讼请求？为什么？

【考点】二审终审；审级利益；二审审理的范围

【答案】略（属于民诉法考点）。

6. 在破产程序尚未开始时，若甲公司不能偿还民间借贷，出借人能否要求甲公司交付房屋？

【考点】让与担保；后让与担保

【解析】①为担保甲公司履行借款债务，甲公司以将其房屋出卖给出借人的方式提供担保，该设立担保的约定属于“让与担保”，因担保成立时，甲公司尚未将出卖的房屋为出借人办理过户登记，因此属于“后让与担保”，即以订立买卖合同的方式担保借款债务的履行。根据《民法典担保制度解释》第68条的规定，虽未完成担保物财产权移转的公示，不发生让与担保型担保物权设立的效果，但“让与担保合同”已经成立并生效。甲公司到期不履行还款义务时，如何实现该担保，担保效力如何，规定在《民间借贷规定》第23条。

②《民间借贷规定》第23条第1款规定：“当事人以订立买卖合同作为民间借贷合同的担保，借款到期后借款人不能还款，出借人请求履行买卖合同的，人民法院应当按照民间借贷法律关系审理。当事人根据法庭审理情况变更诉讼请求的，人民法院应当准许。”《民间借贷规定》第23条第2款规定：“按照民间借贷法律关系审理作出的判决生效后，借款人不履行生效判决确定的金钱债务，出借人可以申请拍卖买卖合同标的物，以偿还债务。就拍卖所得的价款与应偿还借款本息之间的差额，借款人或者出借人有权主张返还或者补偿。”

③甲公司与出借人在借款合同中约定“如果甲公司不能按期偿还借款就按照房屋买卖合同交付房屋”，这属于后让与担保协议中的“流担保条

款”，根据《民法典担保制度解释》第68条的规定，该流担保条款无效，因此，甲公司到期不履行还款义务时，出借人不得请求履行买卖合同，即出借人不享有请求甲公司交付房屋、办理过户登记并由出借人以取得房屋所有权的方式抵偿借款债务的权利。同时，根据《民间借贷规定》第23条的规定，甲公司到期未还款时，出借人只能依照借款合同对甲公司起诉；出借人依照借款合同起诉并获得胜诉生效判决后，甲公司仍不履行还款义务的，出借人可申请法院拍卖买卖合同约定出卖的房屋，并以拍卖所得价款清偿甲公司的还本付息义务，但须经清算（多退少补），并且出借人对拍卖房屋所得价款不享有优先受偿权。

【答案】出借人不得请求甲公司依照买卖合同的约定交付房屋。因为，以订立买卖合同的方式担保借款债务履行，尚未将房屋所有权在形式上移转到借款债权人名下（尚未完成将担保财产权移转至债权人的公示），属于后让与担保，在借款人到期不履行还本付息义务时，根据《民法典担保制度解释》第68条与《民间借贷规定》第23条的规定，不承认“流质型后让与担保”的效力，不允许出借人以直接取得买卖标的物所有权的方式抵偿借款债务，只允许出借人以拍卖买卖标的物所得价款清偿借款债务，并且出借人对拍卖所得价款无优先受偿权，并须经清算（多退少补）。

7. 能否将甲公司与民间借贷出借人的房屋买卖合同看成是物权担保？为什么？

【考点】让与担保；后让与担保

【解析】①以“将财产权移转归债权人享有”的方式担保债务的履行，包括两个类型：第一，“让与担保”；第二，“后让与担保”。

②所谓“让与担保”，指当事人“已经完成财产权利变动的公示”，即动产已经向债权人完成交付（常常采用占有改定），不动产物权、专利权、股权等已经为债权人办理过户登记，让与担保能够产生具有物权效力的担保效果，债权人对担保财产享有作为非典型担保物权的“让与担保担保物权”，债权人对担保财产享有优先受偿权。根据《民法典担保制度解释》第68条的规定，通过让与担保合同设立“（让与担保型）担保物权”，让与担保担保物权的设立要件有三：（a）让与担保合同有效；（b）担保人拥有处分权；（c）已经依法定方式完成财产权变动的公示，即动产已经交付债权人，不动产、股权、专利权等已经为债权人办理过户登记等。

③所谓“后让与担保”，指虽约定“以将财产权移转归债权人享有的方式担保债务的履行”，但尚未完成财产权变动的公示，后让与担保，仅产生债权效力的担保效果，债权人虽能就拍卖担保财产的价款受偿，但不

享有优先受偿权。本题中，甲公司尚未将房屋为债权人（出借人）办理过户登记，不成立让与担保，仅成立后让与担保，出借人（债权人）对作为担保财产的甲公司房屋不享有让与担保担保物权，根据《民间借贷规定》第23条的规定，出借人（债权人）依照借款合同起诉并获得胜诉生效判决后，甲公司仍不履行到期借款债务的，出借人有权申请法院拍卖变卖买卖合同约定出卖的房屋，并以拍卖变卖所得价款清偿借款债务，但是，出借人（债权人）并不享有优先受偿权。

【答案】不能将甲公司与出借人的房屋买卖合同看成是物权担保。理由在于：虽然甲公司与借款合同的债权人（出借人）约定以将甲公司房屋出卖给出借人的方式担保借款债务的履行，但是，甲公司未给出借人办理房屋所有权的过户登记，未完成财产权利变动的公示。根据《民法典担保制度解释》第68条的规定，未成立让与担保，仅成立后让与担保，债权人（出借人）对担保财产（甲公司的房屋）不享有让与担保担保物权，不享有优先受偿权（不产生物权效力的担保效果），仅能产生债权效力的担保效果。根据《民间借贷规定》第23条的规定，出借人（债权人）依照借款合同起诉并获得胜诉生效判决后，甲公司仍不履行到期借款债务的，出借人有权申请法院拍卖变卖买卖合同约定出卖的房屋，并以拍卖变卖所得价款清偿借款债务，但是，出借人（债权人）并不享有优先受偿权。

8. 甲公司是否有权解除与乙公司的建设施工合同？为什么？

【考点】建设工程施工合同；同时履行抗辩权；法定解除

【解析】①《民法典》第525条规定："当事人互负债务，没有先后履行顺序的，应当同时履行。一方在对方履行之前有权拒绝其履行请求。一方在对方履行债务不符合约定时，有权拒绝其相应的履行请求。"甲、乙间的建设施工合同，甲对乙支付到期工程款的义务与乙按照约定施工的义务属于双务合同的对待给付义务，若甲不对乙履行支付到期工程款的义务，乙公司即享有同时履行抗辩权，若乙公司基于同时履行抗辩权不履行到期的施工义务（即停工），则不属于迟延履行，不属于违约行为，此为同时履行抗辩权所具有的存在效力的一个方面。

②《民法典》第803条规定："发包人未按照约定的时间和要求提供原材料、设备、场地、资金、技术资料的，承包人可以顺延工程日期，并有权请求赔偿停工、窝工等损失。"《民法典》第804条规定："因发包人的原因致使工程中途停建、缓建的，发包人应当采取措施弥补或者减少损失，赔偿承包人因此造成的停工、窝工、倒运、机械设备调迁、材料和构件积压等损失和实际费用。"这两个条文，其内容也包含"发包人甲公

司不支付到期工程款的，施工人乙公司享有同时履行抗辩权”的内容。据此，若甲不对乙履行支付到期工程款的义务，乙公司有权行使同时履行抗辩权，暂停施工，并有权主张相应顺延工程日期。

③综上，在甲公司不对乙公司履行支付到期工程价款义务时，享有同时履行抗辩权的乙公司，暂停履行施工的合同义务，不属于迟延履行，不构成违约，根据《民法典》第563条第1款的规定，甲公司不享有法定解除权。

【答案】甲公司无权解除与乙公司间的建设工程施工合同。因为，甲公司不对乙公司履行支付到期工程价款的义务，乙公司享有同时履行抗辩权，基于同时履行抗辩权的存在效力，乙公司暂停施工（停工）不属于迟延履行，不构成违约，根据《民法典》第563条第1款的规定，甲公司不享有解除权。

9. 丁公司的做法是否有法律依据？

【考点】破产；出卖人的取回权

【答案】丁公司让承运人将出卖的货物运回的做法，是行使出卖人的取回权，具有法律上的依据，依据是《企业破产法》第39条。《企业破产法》第39条规定：“人民法院受理破产申请时，出卖人已将买卖标的物向作为买受人的债务人发运，债务人尚未收到且未付清全部价款的，出卖人可以取回在运途中的标的物。但是，管理人可以支付全部价款，请求出卖人交付标的物。”

10. 破产程序开始后，昌盛法院所受理与破产财产有关的案件，能否向其他法院移送管辖？为什么？

【考点】地域管辖；涉及破产债务人民事案件的管辖

【答案】略（属于民诉法、商经法考点）。

11. 有仲裁协议的当事人一方破产时，双方有财产争议的，应由法院管辖还是仲裁委管辖？

【考点】仲裁与破产程序的关系

【答案】略（属于民诉法考点）。

12. 乙公司对甲公司的工程房屋是否有优先权？为什么？优先权的范围是什么？

【考点】承包人工程价款优先受偿权

【解析】①《民法典》第807条规定：“发包人未按照约定支付价

款的，承包人可以催告发包人在合理期限内支付价款。发包人逾期不支付的，除根据建设工程的性质不宜折价、拍卖外，承包人可以与发包人协议将该工程折价，也可以请求人民法院将该工程依法拍卖。建设工程的价款就该工程折价或者拍卖的价款优先受偿。”据此，甲公司不对乙公司履行支付到期工程价款的义务，且经催告后经过合理期限仍不履行，且在建工程（为旅游度假项目）适宜折价、拍卖，根据《民法典》第807条的规定，乙公司对在建工程享有优先受偿权。

②根据《建设工程施工合同解释（一）》[1]第36条规定：“承包人根据民法典第八百零七条规定享有的建设工程价款优先受偿权优于抵押权和其他债权。”据此，在效力上，乙公司对在建工程的优先受偿权，优先于在建工程的抵押权人，虽然甲公司已经被宣告破产，乙公司仍可基于优先受偿权对在建工程主张别除权，即该优先受偿权之行使不因债务人甲公司破产而受影响。

③《建设工程施工合同解释（一）》第40条第1款规定：“承包人建设工程价款优先受偿的范围依照国务院有关行政主管部门关于建设工程价款范围的规定确定。”《建设工程施工合同解释（一）》第40条第2款规定：“承包人就逾期支付建设工程价款的利息、违约金、损害赔偿金等主张优先受偿的，人民法院不予支持。”据此，乙公司行使对在建工程优先受偿权的范围（换言之，受该优先受偿权担保的债权范围）限于乙公司对甲公司享有的到期工程价款请求权，不包括因甲公司逾期支付给乙公司造成的损失（迟延利息、违约损害赔偿金等）。

【答案】**①乙公司对甲公司的工程房屋享有优先受偿权，因为发包人甲公司不对承包人乙公司履行支付到期工程款的义务，且经催告后经过合理期间仍未履行，根据《民法典》第807条的规定，乙公司有权对在建工程行使优先受偿权。②甲公司虽被宣告破产，但优先受偿权具有优先于在建工程抵押权的效力，甲公司破产后，乙公司仍可行使别除权，对在建工程行使优先受偿权。③根据《建设工程施工合同解释（一）》第40条的规定，乙公司行使优先受偿权的范围仅限于乙公司对甲公司享有的工程价款债权本金，不包括因甲公司迟延履行给乙公司造成的迟延利息、违约金、损害赔偿金等。**

13. 若乙公司将本金和利息分两次提起诉讼，是否属于重复起诉？

---

〔1〕《最高人民法院关于审理建设工程施工合同纠纷案件适用法律问题的解释（一）》，以下简称《建设工程施工合同解释（一）》。

【考点】一事不再理；重复起诉

【答案】略（属于民诉法考点）。

（四）2019年案例分析题

四、案例分析题。（本题52分）（第1问至第6问考查民法；第7问至第10问考查民诉法）

案情：

【1】甲公司向乙公司借款8000万元，借款期限未到，双方签订“以物抵债”协议，约定将甲公司的办公楼过户给乙公司，以抵偿8000万元债务，但尚未办理过户登记。甲公司的债权人丙公司认为，办公楼应值1.2亿元，该抵债价格过低，遂向法院提起诉讼，要求撤销该协议。乙公司认为，甲公司还有大量财产可以偿还丙公司债务，丙公司主张撤销的理由并不成立。

【2】其后，甲公司又向丁公司借款，这时公司财产已经全部抵押或者出质。无奈，甲公司股东A在未与妻子商量的情况下，向丁公司作了保证。丁公司认为，这种保证尚无法保障甲公司履行义务，甲公司于是又将一张以自己为收款人的汇票出质，并在票据上背书“出质”后，交付给丁公司。但出票人在该汇票上记载有“不得转让”的字样。

【3】为获得更多融资，甲公司又与戊公司签订生产车间租赁合同。在与戊公司签订租赁合同时，因某个车间尚有原材料、半成品没有清点，戊公司便使用了这些原材料和半成品。甲公司的债权人“罗马轮胎公司”认为，虽然甲公司不能偿还到期债务，但因上述与戊公司的租赁合同履行中财产没有清点清楚，造成财产混同，遂在向法院要求甲公司偿还债务的同时，主张甲公司与戊公司“人格混同”而要求戊公司承担连带清偿责任。在案件审理过程中，法院根据“罗马轮胎公司”的请求对甲公司相关的财产采取了诉讼保全措施。

【4】另外，甲公司在与己公司签订的一份轮胎买卖合同中，己公司已经支付货款，但甲公司一直没有交付轮胎。对此，己公司向法院起诉要求甲公司履行合同交付轮胎。胜诉判决生效后，己公司认为，甲公司交付的轮胎质量已经大不如从前，于是又向法院提出解除合同、返还货款并赔偿损失的诉讼。

【5】此外，为了资金周转，甲公司利用其控股地位，向其全资子公司多次无偿调取资金，各个子公司之间如果资金短缺，甲公司就在所有全资

子公司之间统一调度资金使用，且关联公司之间账目不清。甲公司的某全资子公司的两个债权人庚公司、辛公司，因到期债权不能获得清偿，向法院申请对甲公司及其所有全资子公司进行合并重整。

问题（回答应有理有据，逻辑性、专业性强，表述完整、准确、通顺，结论与理由一致）：

1. 在丙公司提起的撤销“以物抵债”协议的诉讼中，当事人的诉讼地位如何确定？

【考点】债权人撤销权

【解析】①《民法典合同编通则部分解释》第45条第1款规定：“债权人依据民法典第五百三十八条、第五百三十九条的规定提起撤销权诉讼的，应当以债务人和债务人的相对人为共同被告，由债务人住所地人民法院管辖。”《民法典合同编通则部分解释》第45条第2款规定：“两个或者两个以上债权人就债务人的同一行为提起撤销权诉讼的，人民法院可以合并审理。”

②丙公司作为原告行使债权人撤销权的，由债务人甲公司住所地的人民法院管辖，法院应当列债务人甲公司和相对人乙公司为共同被告。

【答案】甲公司的债权人丙公司行使债权人撤销权，诉请法院撤销债务人甲公司以明显不合理的低价向乙公司转让财产的行为时，根据《民法典合同编通则部分解释》第45条的规定，由债务人甲公司住所地人民法院管辖，债权人丙公司为原告，债务人甲公司和相对人乙公司为共同被告。

2.“以物抵债”协议的效力如何？

【考点】以物抵债；以物抵债协议性质的认定

【解析】①《民法典合同编通则部分解释》第28条第1款规定：“债务人或者第三人与债权人在债务履行期限届满后达成以物抵债协议，如无法定无效或者未生效的情形，人民法院应当认定该协议自当事人意思表示一致时生效。债务人履行以物抵债协议后，人民法院应当认定相应的原债务同时消灭。债务人未按照约定履行以物抵债协议，债权人选择请求债务人履行原债务或者以物抵债协议的，人民法院应予支持，但是法律另有规定或者当事人另有约定的除外。”

②甲公司与乙公司之间的协议属于“清偿型以物抵债协议”，根据《民法典合同编通则部分解释》第28条的规定，属于诺成合同，自甲公司与乙公司就以物抵债协议的主要条款达成合意时成立并生效。以物抵债协议的成立与生效，不以履行他种给付（新债）为要件。

【答案】已经成立并生效。理由在于：根据《民法典合同编通则部分解释》第28条的规定，甲公司与乙公司间的以物抵债协议，属于诺成合同，自双方对协议的主要内容达成合意时，以物抵债协议成立并生效。

3. 债务人有大量财产可以清偿债务是否构成对于撤销权行使的障碍？为什么？

【考点】债权人撤销权

【解析】①甲对乙负担的8000万元借款债务到期前，甲放弃期限利益，协议以甲的房屋抵偿对乙的借款债务，根据《民法典》第538条和第539条的规定，只有符合以下三个条件，甲的债权人丙才享有债权人撤销权，才有权诉请法院撤销甲与乙的“抵债协议”。这三个条件是：(a) 丙对甲的债权合法、有效；(b) 甲对丙负担债务后，实施了导致甲责任财产减少的财产上处分行为，并因此损害了丙对甲的债权（所谓“损害”，指甲实施处分行为后，甲剩余的财产不足以清偿甲对丙的债务）；(c) 甲的处分行为系有偿行为的，须受让人乙受让房屋时主观上具有恶意（“恶意”，指知道或者应当知道甲的处分行为将损害甲的债权人享有的债权）。

②根据案情，虽然甲对丙负担债务后，甲将房屋以明显不合理的低价（房屋抵债的价格达不到市场价的70%）抵给乙，但是，甲实施该处分行为后，甲剩余的财产（责任财产）足以清偿甲对丙负担的债务，“以物抵债”协议未损害丙对甲的债权（不影响丙对甲债权的实现），因此，丙不享有债权人撤销权。

【答案】构成对于撤销权行使的障碍。理由在于：虽然债务人甲公司对债权人丙公司负担债务后以明显不合理的低价向相对人乙公司转让财产，但是，甲公司实施该行为后，甲公司剩余的财产足以清偿对丙公司负担的债务，不影响丙公司对甲公司债权的实现，根据《民法典》第539条的规定，丙公司不享有债权人撤销权。

4. 甲公司股东A在未与妻子商量的情况下，负担保证债务，该债务是否属于夫妻共同债务？为什么？

【考点】夫妻共同债务；夫妻个人债务

【解析】①根据《民法典》第1064条、《民法典婚姻家庭编解释（一）》[1]第33条与第34条的规定，婚姻关系存续期间，夫妻共同或者一方对外负担的下列债务，属于夫妻共同债务：(a) 夫妻双方共同签字或者

〔1〕《最高人民法院关于适用〈中华人民共和国民法典〉婚姻家庭编的解释（一）》。

夫妻一方事后追认等共同意思表示所负的债务；(b) 夫妻一方以个人名义为家庭日常生活需要所负的债务；(c) 夫妻一方以个人名义超出家庭日常生活需要所负的债务，债权人能够证明该债务用于夫妻共同生活、共同生产经营或者基于夫妻双方共同意思表示的；(d) 夫妻一方婚前负担的债务，债权人能够证明用于夫妻婚后共同生活（共同生产经营）的。

②A 因提供保证担保对丁公司负担的保证债务，既不属于 A 与妻子基于共同意思表示负担的债务，A 的妻子事后亦未追认，A 提供保证所获得的借款也未用于 A 与妻子的夫妻共同生活，应认定为 A 的个人债务，而不能认定为 A 与妻子的夫妻共同债务。

【答案】A 因提供保证担保对丁公司负担的保证债务，既不属于 A 与妻子基于共同意思表示负担的债务，A 的妻子事后亦未追认，A 提供保证所获得的借款也未用于 A 与妻子的夫妻共同生活，根据《民法典》第 1064 条的规定，应认定为 A 的个人债务，而非 A 与妻子的夫妻共同债务，由 A 个人承担清偿责任，A 的妻子不承担连带责任。

5. 因票据中作了“不得转让”的记载，甲公司对丁公司的出质是否有效？为什么？

【考点】权利质权

【解析】①《民法典》第 440 条第 1 项规定，债务人或者第三人有权处分的下列权利可以出质：汇票、本票、支票。《民法典》第 441 条规定：“以汇票、本票、支票、债券、存款单、仓单、提单出质的，质权自权利凭证交付质权人时设立；没有权利凭证的，质权自办理出质登记时设立。法律另有规定的，依照其规定。”《民法典担保制度解释》第 58 条规定：“以汇票出质，当事人以背书记载‘质押’字样并在汇票上签章，汇票已经交付质权人的，人民法院应当认定质权自汇票交付质权人时设立。”

②甲公司以其享有票据权利的有权利凭证的汇票为丁公司设立权利质权的，根据前述法律规定，丁公司对汇票权利质权的设立，须符合以下五个条件：(a) 甲、丁间的质押合同有效；(b) 出质人甲拥有处分权；(c) 在票面或者粘单上背书记载“质押”字样；(d) 出质背书人甲与被背书人丁在票面或者粘单上签章；(e) 已经（以现实交付、简易交付或者指示交付）完成出质汇票权利凭证的交付。

③《票据法》第 27 条第 2 款规定：“出票人在汇票上记载‘不得转让’字样的，汇票不得转让。”据此，汇票记载“禁转”字样（即记载“不得转让”字样）的，持票人不得转让汇票。但是，“出质”不等于“转让”，甲以其享有的票据权利出质的，固然属于“处分”甲的票据权

利，但并不属于“转让”甲的票据权利，丁公司的权利质权设立时，票据权利仍归甲享有，只是甲享有的票据权利上存在丁公司的质权负担。同时，以汇票出质的，《民法典》第440条只要求出质人拥有“处分权”而不要求出质人拥有“转让权”。这是应当首先予以明确的一点。

④还有更为重要的一点需要明确。假设丁公司的权利质权设立后，经丁公司同意，甲公司违反禁转背书，将该汇票背书“转让”给戊公司，其法律效果如何呢？此种情形，根据《票据纠纷规定》[1]第52条与第53条的规定，禁转背书的原背书人只是不对戊公司（“禁转背书之后手的被背书人”）承担票据责任（承兑与付款），但是，禁转背书的原背书人仍然应当对甲公司（“禁转背书的被背书人”）承担票据责任（承兑与付款）。对此，《票据纠纷规定》第52条规定：“依照票据法第二十七条的规定，出票人在票据上记载‘不得转让’字样，其后手以此票据进行贴现、质押的，通过贴现、质押取得票据的持票人主张票据权利的，人民法院不予支持。”《票据纠纷规定》第53条规定：“依照票据法第三十四条和第三十五条的规定，背书人在票据上记载‘不得转让’字样，其后手以此票据进行贴现、质押的，原背书人对后手的被背书人不承担票据责任。”因此，既然甲公司违反禁转背书将汇票转让给戊公司，禁转背书的原背书人仍然应当对甲公司承担票据责任，举重以明轻，甲公司将记载有禁转背书的汇票为丁公司设立权利质权后，禁转背书的原背书人“更应当（更有理由）”继续对甲公司承担票据责任。

⑤综上，出质汇票虽有“禁转背书”，持票人甲公司以该汇票为丁公司设立权利质权的，一方面，“出质”不等于“转让”；另一方面，丁公司的权利质权设立后，禁转背书的原背书人只是不对“禁转背书之后手的被背书人”（如前述假设中的戊公司）承担票据责任，但是，禁转背书的原背书人仍然应当对甲公司（“禁转背书的被背书人”）承担票据责任，因此，甲公司仍有权行使票据权利，并将甲公司行使票据权利获得的款项提供给丁公司行使权利质权，由丁公司优先受偿。所以，甲公司将汇票的权利凭证交付于丁公司时，符合权利质权的设立要件，丁公司的权利质权设立。

⑥题外话（一）：虽然甲公司对丁公司的出质有效，丁公司的权利质权已经设立。但是，丁公司的债权到期后，丁公司行使该权利质权的方式事实上受到限制，丁公司自己“不愿意以取得票据权利”的方式行使质权

---

〔1〕《最高人民法院关于审理票据纠纷案件若干问题的规定》，以下简称《票据纠纷规定》。

（因为付款人有权拒绝付款），丁公司“以拍卖、变卖票据权利”的方式行使质权的，也往往无人问津（因为潜在的买受人会担心付款人有权拒绝付款）。

⑦题外话（二）。问题：丁公司的债权到期后，若甲公司怠于行使票据权利，丁公司还可以以何种方式行使该权利质权，既符合法律规定，又能让丁公司实现对汇票权利的优先受偿呢？答案：丁公司可依据《民法典》第442条的规定行使保全其权利质权的权利，请求出质人甲公司向汇票付款义务人主张付款，同时基于“担保物权的物上代位性”，丁公司有权对该汇票付款价金行使优先受偿权。这样，既未转让汇票权利（不受《票据法》第27条规定的限制），丁公司又能对甲公司享有的票据权利优先受偿。

【答案】甲公司对丁公司的出质有效，丁公司的权利质权已经有效设立。理由在于：首先，持票人甲公司将记载禁转背书的汇票出质给丁公司，但“出质”不等于“转让”。其次，即使记载禁转背书的汇票被转让，根据《票据纠纷规定》第52条与第53条的规定，禁转背书的原背书人只是不对“禁转背书之后手的被背书人”承担票据责任，但仍然应当继续对“禁转背书的被背书人”承担票据责任，举重以明轻，甲公司以记载禁转背书的汇票为丁公司设立权利质权，禁转背书的原背书人更应当（更有理由）继续对甲公司承担票据责任，甲公司有权行使票据权利，并将甲公司行使票据权利获得的款项提供给丁公司行使权利质权，由丁公司优先受偿。综上，甲公司将汇票的权利凭证交付丁公司时，符合权利质权的设立要件，丁公司的权利质权设立。

6.“罗马轮胎公司”认为甲公司与戊公司之间因租赁合同履行过程中，有财产交接不清的行为，构成“人格混同”从而承担连带责任的主张是否成立？为什么？

【考点】法人人格否认

【解析】①根据《民法典》第83条第2款、《公司法》第20条第3款的规定，所谓“法人人格否认”，指法人的出资人（股东）滥用法人独立地位和出资人（股东）有限责任，以实施过度支配与控制、经营资本显著不足、造成出资人（股东）与法人人格混同等方式，致使法人的财产不足以清偿该法人对债权人的债务，严重损害债权人利益，债权人有权诉请法院在个案中否认该法人的独立责任和否认实施滥用行为的出资人（股东）的有限责任，责令实施滥用行为的出资人（股东）对法人债务承担连带责任。《九民纪要》第10条至第13条对“法人人格否认制度”予以了细化。

②“法人人格否认”的必要条件之一，是法人的出资人（股东）实施了滥用行为，并且，在个案中否认法人人格时，也只有实施了滥用行为的法人出资人（股东）承担连带责任。本题中，戊公司并非甲公司的股东，虽然戊公司擅自使用了甲公司的财产，导致甲公司与戊公司财产出现暂时的混同，但即使甲公司无力偿还对“罗马轮胎公司”的到期债务，因戊公司并非甲公司的股东，也不符合否认甲公司人格的条件。

【答案】“罗马轮胎公司”请求戊公司对甲公司债务承担连带责任的请求不能成立。因为，根据《民法典》第83条第2款和《公司法》第20条第3款的规定，只有在甲公司的股东（出资人）滥用甲公司的独立地位和股东有限责任，导致甲公司与实施滥用行为的股东（出资人）财产混同、人格混同，严重损害债权人利益时，才能否认甲公司的独立人格，判令实施滥用行为的股东对甲公司债务承担连带责任。戊公司并非甲公司的股东，不具备否认甲公司人格的要件。

7. 己公司在获得生效判决后，又提出解除合同并赔偿损失的诉讼，是否构成“重复起诉”？为什么？

【考点】一事不二讼；诉讼标的的概念

【答案】略（属于民诉法考点）。

8. 庚公司、辛公司是否可以请求对甲公司及其所有全资子公司进行合并重整？为什么？

【考点】法人人格否认

【解析】①根据《民法典》第83条第2款和《公司法》第20条第3款的规定，在个案中否认甲公司该全资子公司的法人人格，须符合以下四个条件：(a) 该子公司的控制股东（或实际控制人）实施了滥用法人独立地位和股东有限责任的行为（表现为人格混同、过度支配与控制、资本显著不足等）。(b) 造成严重损害该子公司债权人（庚公司、辛公司）利益的损害后果（主要是公司财产不足以清偿公司债权人的债权）。(c) 滥用行为与公司债权人利益遭受严重损害的后果之间具有因果关系。(d) 滥用者主观上为故意，且具有通过滥用行为逃避债务损害公司债权人利益的恶意。

②《九民纪要》第11条第2款规定：“控制股东或实际控制人控制多个子公司或者关联公司，滥用控制权使多个子公司或者关联公司财产边界不清、财务混同，利益相互输送，丧失人格独立性，沦为控制股东逃避债

务、非法经营，甚至违法犯罪工具的，可以综合案件事实，否认子公司或者关联公司法人人格，判令承担连带责任。”该款规定了“横向否认法人人格”的制度精神。根据这一精神，控股股东甲公司实施的行为及其结果，符合“横向否认法人人格”的条件，庚公司和辛公司在对甲公司的该全资子公司主张债权的诉讼中，有权主张横向否认法人人格，请求法院判令发生人格混同的甲公司和全部子公司对这两笔债务承担连带责任。

③《全国法院破产审判工作会议纪要》第32条规定：“关联企业实质合并破产的审慎适用。人民法院在审理企业破产案件时，应当尊重企业法人人格的独立性，以对关联企业成员的破产原因进行单独判断并适用单个破产程序为基本原则。当关联企业成员之间存在法人人格高度混同、区分各关联企业成员财产的成本过高、严重损害债权人公平清偿利益时，可例外适用关联企业实质合并破产方式进行审理。”《全国法院破产审判工作会议纪要》第37条规定：“实质合并审理后的企业成员存续。适用实质合并规则进行破产清算的，破产程序终结后各关联企业成员均应予以注销。适用实质合并规则进行和解或重整的，各关联企业原则上应当合并为一个企业。根据和解协议或重整计划，确有需要保持个别企业独立的，应当依照企业分立的有关规则单独处理。”这两个条文规定了“合并破产”与“合并重整”的制度精神，属于“横向否认法人人格”制度在破产程序中的具体适用。本题中，因甲公司该全资子公司资不抵债并符合破产的条件，因此在“横向否认法人人格”时，可以将发生人格混同的甲公司与全部子公司“合并破产”；同时，由于具有重整的基础，可先进行“合并重整”。

④由于《九民纪要》第11条第2款和《全国法院破产审判工作会议纪要》第32条和第37条不属于民法的直接渊源，法院不能作为直接裁判借款纠纷和破产案件的规范依据，仅在制定法存有漏洞时，可以作为填补法律漏洞的素材。因此，出题人将此问的答案设计为“开放型”。

【答案】 对此有争议，主要有两种观点。观点（一）：庚公司、辛公司有权请求对甲公司及其所有全资子公司进行合并重整。理由在于：甲公司与其所有全资子公司人格高度混同，区分各关联企业成员财产成本过高，严重损害债权人公平清偿利益，参照《全国法院破产审判工作会议纪要》第32条规定的精神，可以将甲公司及其所有全资子公司合并破产（合并重整）。观点（二）：庚公司、辛公司无权请求对甲公司及其所有全资子公司进行合并重整。理由有二：第一，现行法对法人人格横向否认中的合并破产未作规定；第二，合并破产将导致其他全资子公司债权人的债权不能获得全额清偿，对其他全资子公司的债权人不公平。

9. 假设甲公司及其所有全资子公司可以合并重整，则重整程序开始后，对于相关公司已经开始的民事诉讼程序有何影响？

【考点】破产程序；诉讼中止

【答案】略（属于民诉法；商经法考点）。

10. 如果对甲公司及其所有全资子公司开始合并重整程序，那么，对于所有债权人的影响是什么？

【考点】破产程序

【答案】略（属于商经法考点）。

（五）2020 年案例分析题

四、案例分析题。（本题 52 分）

案情：

【1】位于西上市东河区的甲公司有 2 名自然人股东 A 和 B，各拥有公司 50% 的股份，甲公司名下在南前市北山区有一宗地块的土地使用权，但涉及拆迁问题。乙公司位于东下市西河区，是一家专门从事房地产开发的有限责任公司，是明达公司（位于北后市南海区）的全资子公司，实力在该区很强。

【2】A、B 找到乙公司，A、B 以个人名义，以甲公司该地块的土地使用权作为出资，与乙公司合作开发房地产项目，并签订《协议》，主要内容如下："①以乙公司为项目运营的商事载体。②项目完成后，乙公司分给 A、B 各 20% 的本项目房产；为担保该义务的履行，乙公司给 A、B 乙公司的股权各 20%，但 A 和 B 不参与乙公司的经营管理；若到期乙公司履行了交付房屋的义务，则 A、B 将股权无偿转回乙公司名下。③若因履行《协议》发生争议，由被告住所地人民法院管辖。"《协议》签订后，对乙公司的股权进行了变更，并根据股权的调整进行了工商变更登记。

【3】乙公司作为项目公司，为基建需要进行了以下融资行为：①乙公司为融资，与丙公司签订融资租赁合同（标的额 2000 万元），标的物为 2 辆铲车（约定融资租赁期间铲车归丙公司所有，但未办理登记）。②为向丁公司借款 2 亿元，乙公司将其现有以及将有的全部动产（包括 2 辆铲车）为丁公司设立动产浮动抵押，办理了抵押登记。同时，为担保乙公司对丁公司的借款债务，自然人 C 和 D 对丁公司提供连带共同保证（但未约定保证方式）。③为获取更多融资款，乙公司又与戊信托商签订融资协议。为担保乙公司对戊的债务，自然人子提供保证担保，自然人丑以其价值

1500万元的房屋提供抵押担保（办理了房屋抵押登记），但子、丑彼此不知情。④后，在经营过程中，乙公司将丙公司所有的2辆铲车出卖给自然人E，获得1950万元货款。E在使用过程中发现铲车存在质量问题和设计缺陷，E一直与乙公司交涉未果。

【4】另，乙公司为体现《民法典》规定的营利法人的社会责任，提升企业名誉，扩大其在本地的影响力，乙公司实施了公益性捐赠行为，承诺每年向“青少年成长基金会”捐款1000万元，并在媒体上宣传。

【5】楼盘建成后，乙公司陆续对外销售已建成的房屋，销售比例达15%。自然人F购买房屋后发现所购房屋实际面积、房型设计、容积率、配套设施等与广告宣传有很大差距，F与乙公司多次沟通无果，准备诉讼维权。

【6】乙对外销售房屋的行为引起A和B的警惕，A和B向人民法院起诉乙公司违约，并诉请法院撤销乙公司与购房人之间的房屋买卖合同，诉讼过程中，A、B撤回起诉，法院准许。后乙公司经营不佳、无力偿债，A和B申请将乙公司进行重整，并申请系乙的股东和债权人、项目共有人，要求40%房产取回权。

问题：

1. 在该案情况下，甲公司的债权人是否有权请求A、B对甲公司的债务承担连带责任？为什么？

【考点】法人人格否认

【解析】①《民法典》第83条第2款规定：“营利法人的出资人不得滥用法人独立地位和出资人有限责任损害法人债权人的利益；滥用法人独立地位和出资人有限责任，逃避债务，严重损害法人债权人的利益的，应当对法人债务承担连带责任。”

②根据《民法典》第83条第2款的规定，在债务纠纷中，对债务人否认法人人格，要件有四：第一，公司控制股东（或实际控制人）实施了滥用法人独立地位和股东有限责任的行为（表现为人格混同、过度支配与控制、资本显著不足等）；第二，造成严重损害公司债权人利益的损害后果（主要是公司财产不足以清偿公司债权人的债权）；第三，滥用行为与公司债权人利益遭受严重损害的后果之间具有因果关系；第四，滥用者主观上为故意，且具有通过滥用行为逃避债务损害公司债权人利益的恶意。

③甲公司的控制股东A、B擅自以甲公司的土地使用权作为个人的出资与乙公司合作开发房地产，导致A、B与甲公司财产混同与人格混同，

A、B实施了滥用甲公司独立责任与公司有限责任的滥用行为。但是，根据题干交代的信息，并未出现甲公司无力清偿债务的情形，不符合“严重损害法人债权人的利益”这一要件。因此，在甲公司与其债权人的债务纠纷中，不能否认甲公司的法人人格，不能判令A、B对甲公司的债务承担连带责任。

【答案】**甲公司的股东A和B擅自将甲公司享有的土地使用权作为自己的出资与乙公司合作开发房地产，属于实施导致控制股东A、B与营利法人甲公司财产混同、人格混同的滥用公司独立责任和股东有限责任的滥用行为，但并未产生严重损害甲公司债权人利益的后果。根据《民法典》第83条第2款的规定，在甲公司债权人与甲公司的债权纠纷中，不能否认甲公司的法人人格，不能请求A、B对甲公司的债务承担连带责任。**

2. A、B诉请乙公司按约交付40%的房产，哪一（哪些）法院享有管辖权？为什么？若乙公司重整，A、B是否享有40%房产取回权？为什么？

【考点】协议管辖；专属管辖；破产重整与破产债权的实现

【答案】略（属于民诉法、商经法考点）。

3. 乙公司按照《协议》办理完毕股权的工商变更登记后，A和B是否各自取得乙公司20%的股权？为什么？

【考点】让与担保

【解析】①乙公司将其股权在形式上转移至A、B名下（A、B各20%），办理了股权过户登记（变更登记在A、B名下），目的在于担保乙公司将项目房产各转让20%给A、B合同义务的履行（约定“A和B不参与乙公司的经营管理”），根据《民法典担保制度解释》第68条的规定，属于以股权为标的物的“让与担保”，而非股权转让。

②乙公司与A、B“已经完成财产权利变动的公示”（将各20%的股权变更登记在A、B名下），对变更登记在A、B名下的股权，A、B并未取得相应的股权，仅取得作为非典型担保的让与担保担保物权。

③若乙公司履行了将项目房产各转让20%给A、B的合同义务，基于担保物权消灭上的从属性，A、B对相应股权享有的让与担保担保物权消灭，A、B应当将相应股权无偿转回乙公司；若乙公司不履行将项目房产各转让20%给A、B的合同义务，A、B可对相应股权行使让与担保担保物权，有权请求参照民法典关于担保物权的规定对相应股权折价或者以拍卖、变卖相应股权所得的价款优先受偿。

【答案】**乙公司按《协议》办理完毕股权的工商变更登记后，A和B**

并未各自取得乙公司20%的股权。理由在于：乙公司在形式上将其股权分别转让给A和B，以担保乙公司对A、B债务的履行，属于让与担保，而非股权转让；根据《民法典担保制度解释》第68条第1款与第2款的规定，虽已完成让与担保财产权利变动的公示，但A和B并未取得相应的股权，A和B仅对让与担保财产享有作为非典型担保的让与担保担保物权，乙公司不履行到期债务，债权人A和B有权请求参照民法典关于担保物权的有关规定就该财产优先受偿。

4. 丁公司已登记的动产浮动抵押权能否对抗E？为什么？若债务履行期届满乙公司未履行债务，丁应如何行使担保权利？若丁公司起诉，以不同的人为被告起诉，法院应该如何安排当事人？

【考点】 正常经营活动买受人规则；混合担保；一般保证人的诉讼地位

【解析】 ①（a）《民法典》第404条规定："以动产抵押的，不得对抗正常经营活动中已经支付合理价款并取得抵押财产的买受人。"《民法典担保制度解释》第56条第1款规定："买受人在出卖人正常经营活动中通过支付合理对价取得已被设立担保物权的动产，担保物权人请求就该动产优先受偿的，人民法院不予支持，但是有下列情形之一的除外：（一）购买商品的数量明显超过一般买受人；（二）购买出卖人的生产设备；（三）订立买卖合同的目的在于担保出卖人或者第三人履行债务；（四）买受人与出卖人存在直接或者间接的控制关系；（五）买受人应当查询抵押登记而未查询的其他情形。"据此，乙公司为丁公司设立动产浮动抵押权，抵押期间，抵押人乙公司将作为其"生产设备"的抵押财产2台铲车转让给E，该转让行为不属于乙公司的"正常经营活动"，不适用《民法典》第404条规定的正常经营活动买受人规则，因此，丁公司对2台铲车的动产浮动抵押权不因转让而消灭。

（b）《民法典》第745条规定："出租人对租赁物享有的所有权，未经登记，不得对抗善意第三人。"据此，融资租赁期间，2台铲车按照约定归出租人丙公司所有，因此，乙公司将2台铲车出卖给E属于无权处分，但是，约定归丙享有的所有权未办理登记，不能对抗善意受让人E，根据《民法典》第311条的规定，E善意取得2台铲车的所有权。

（c）《民法典》第406条第1款规定："抵押期间，抵押人可以转让抵押财产。当事人另有约定的，按照其约定。抵押财产转让的，抵押权不受影响。"《民法典》第403条规定："以动产抵押的，抵押权自抵押合同生效时设立；未经登记，不得对抗善意第三人。"据此，动产浮动抵押期间，乙公司将抵押财产（2台铲车）转让给E，属于有权处分，E自受让交付时取得所有权，但基于抵押权的追及效力，丁公司对2台铲车享有的已经登记的动产浮动抵押权“不受影响”，对E取得所有权的2台铲车，丁公司继续享有动产浮动抵押权。

②（a）乙公司对丁公司的借款债务，乙公司提供物保，以其动产为丁公司设立动产浮动抵押，自然人C和D提供人保，对丁公司提供连带共同保证，成立《民法典》第392条规定的混合担保。同时，由于未约定乙公司不履行还款义务时，丁公司行使担保权利的顺序，因此，丁公司行使担保权利有顺序上的限制。丁公司应当先对乙公司的动产行使动产浮动抵押权；对乙公司动产行使动产浮动抵押权仍未获清偿的部分，丁公司才能请求C和D承担连带共同保证责任。

（b）由于C和D约定对丁公司承担连带共同保证，因此，丁公司请求C和D承担连带共同保证责任时，无顺序与份额上的限制，丁公司有权选择请求C或D中的任何一人对剩余的全部债务承担保证责任，丁公司也有权选择请求C和D一起共同对剩余的债务各自承担一定份额的保证责任。

③（a）《民法典》第686条第2款规定：“当事人在保证合同中对保证方式没有约定或者约定不明确的，按照一般保证承担保证责任。”据此，因未约定保证方式，C或D的保证方式均为一般保证，均享有先诉抗辩权。

（b）《民法典担保制度解释》第26条第1款规定：“一般保证中，债权人以债务人为被告提起诉讼的，人民法院应予受理。债权人未就主合同纠纷提起诉讼或者申请仲裁，仅起诉一般保证人的，人民法院应当驳回起诉。”《民法典担保制度解释》第26条第2款规定：“一般保证中，债权人一并起诉债务人和保证人的，人民法院可以受理，但是在作出判决时，除有民法典第六百八十七条第二款但书规定的情形外，应当在判决书主文中明确，保证人仅对债务人财产依法强制执行后仍不能履行的部分承担保证责任。”因此，第一，若丁公司仅以债务人乙公司为被告起诉，法院可以只列乙公司为被告；第二，若丁公司仅以C或（和）D为被告起诉，经释明后丁公司未变更诉讼请求或者法院未依职权追加的，法院应当驳回起诉；第三，若丁公司以乙公司和C或（和）D为被告起诉，法院应当列乙公司与C或（和）D为被告。

【答案】①丁公司已登记的动产浮动抵押权能够对抗E。理由在于：丁公司的动产浮动抵押权存续期间，抵押人乙公司将抵押动产（作为乙公司生产设备的2辆铲车）转让给E，该转让行为不属于抵押人乙公司的正

常经营活动，同时，为丁公司设立的动产浮动抵押权已经办理抵押登记，根据《民法典》第404条与第406条的规定，抵押动产转让给E以后，丁公司的动产浮动抵押权不受影响，对E取得所有权的2辆铲车，丁公司仍享有动产浮动抵押权。

②乙公司对丁公司的借款债务，乙公司以其动产为丁公司设立动产浮动抵押，并且自然人C和D对丁公司提供连带共同保证，属于混合担保，由于未约定丁公司行使担保权利的顺序与份额，因此，根据《民法典》第392条的规定，若债务履行期届满乙公司未履行债务，丁公司应当先对乙公司的动产行使动产浮动抵押权；对乙公司动产行使动产浮动抵押权仍未获清偿的部分，丁公司才能请求C和D承担连带共同保证责任。

③保证人C和D与债权人丁公司未约定保证方式，根据《民法典》第686条第2款的规定，应当认定C和D的保证方式属于一般保证。根据《民法典担保制度解释》第26条的规定，若丁公司仅以乙公司为被告起诉，法院可以只列乙公司为被告；若丁公司仅以C或（和）D为被告起诉，法院应当驳回起诉；若丁公司以乙公司和C或（和）D为被告起诉，法院应当列乙公司与C或（和）D为被告。

5. 乙将丙所有的2辆铲车出卖给E后，对E在使用过程中发现铲车存在的质量问题和设计缺陷，E应当向谁主张权利？为什么？

【考点】合同的相对性；产品责任

【解析】①《民法典》第465条第2款规定："依法成立的合同，仅对当事人具有法律约束力，但是法律另有规定的除外。"若乙公司出卖给E的2台铲车存在质量问题，属于瑕疵履行（不完全给付），根据《民法典》第577条的规定，E有权请求乙公司承担违约责任。同时，根据合同的相对性规则，E只能请求合同债务人（出卖人乙公司）承担违约责任。

②《民法典》第1203条第1款规定："因产品存在缺陷造成他人损害的，被侵权人可以向产品的生产者请求赔偿，也可以向产品的销售者请求赔偿。"《民法典》第1203条第2款规定："产品缺陷由生产者造成的，销售者赔偿后，有权向生产者追偿。因销售者的过错使产品存在缺陷的，生产者赔偿后，有权向销售者追偿。"据此，若因铲车缺陷给E造成人身损害或者缺陷产品（铲车）之外的其他财产损害，成立产品侵权，E有权请求铲车的生产者、销售者（包括融资租赁合同的出租人丙公司以及买卖合同的出卖人乙公司）承担无过错责任、不真正连带责任。

【答案】①对铲车存在的质量问题和设计缺陷，若E欲主张违约责任，根据《民法典》第465条第2款的规定，基于合同的相对性规则，E只能请求出卖人乙公司承担违约责任。②若E因铲车设计缺陷遭受人身损害或者缺陷产品以外的其他财产损害，则成立产品侵权，根据《民法典》第1203条的规定，E有权请求缺陷产品（铲车）的生产者与销售者承担无过错侵权责任、不真正连带责任。

6. 乙公司出卖房屋的行为是否对A、B构成违约？为什么？A、B是否有权诉请撤销乙公司与自然人F之间的房屋买卖合同？为什么？

【考点】违约形态；债权人撤销权

【解析】①《民法典》第577条规定："当事人一方不履行合同义务或者履行合同义务不符合约定的，应当承担继续履行、采取补救措施或者赔偿损失等违约责任。"一方面，乙公司与A、B的《协议》并未约定"乙公司不得向第三人出售项目房产"，因此，楼盘建成后，乙公司对外销售已建成的房屋的行为，不构成对乙公司与A、B《协议》的违反。另一方面，乙公司已经销售的房屋仅占已建成的房屋的15%，不会导致乙公司不能履行向A、B交付40%房屋并移转所有权的合同义务，因此，乙公司出卖房屋的行为并不对A、B构成违约。

②（a）《民法典》第539条规定："债务人以明显不合理的低价转让财产、以明显不合理的高价受让他人财产或者为他人的债务提供担保，影响债权人的债权实现，债务人的相对人知道或者应当知道该情形的，债权人可以请求人民法院撤销债务人的行为。"

（b）根据《民法典》第539条的规定，债务人有偿处分其财产的，债权人享有债权人撤销权，要件有三：第一，债权人对债务人的债权合法、有效；第二，债务人对债权人负担债务之后，实施了导致其责任财产减少的财产性处分行为，并因此影响债权人债权的实现；第三，债务人与受让人（受益人）具有损害债权人债权的观念主义的恶意。

（c）根据题干交代的信息，乙公司对A、B负担交付房屋并移转所有权的合同义务后，乙公司向F出售房屋的行为未导致乙公司责任财产减少（以合理的价格出售），不会因此影响A、B对乙公司债权的实现，根据《民法典》第539条的规定，A、B不享有债权人撤销权，无权诉请法院撤销乙公司与自然人F之间的房屋买卖合同。

【答案】①乙公司出卖房屋的行为并不对A、B构成违约。理由在于：一方面，乙公司与A、B的《协议》并未约定乙公司负有不得向他人出售房屋的合同义务；另一方面，乙公司向他人出售的房屋，销售比例仅占15%，该销售行为不影响乙公司依照《协议》向A、B转让40%房产合同义务的履行。

②A、B无权诉请撤销乙公司与自然人F之间的房屋买卖合同。理由在于：乙公司依据《协议》对A、B负担交付房屋以及移转房屋所有权的合同义务后，虽然乙公司实施了向F出售房屋的处分行为，但该处分行为系以合理的价格出售，未导致乙公司责任财产减少，不会因此影响A、B对乙公司债权的实现，根据《民法典》第539条的规定，A、B不享有债权人撤销权，无权诉请法院撤销乙公司与自然人F之间的房屋买卖合同。

7. 自然人F所购房屋的实际面积、房型设计、容积率、配套设施等与广告宣传有很大差距，对此，F是否有权依据《消费者权益保护法》对乙公司主张标的额三倍的惩罚性赔偿金？

【考点】惩罚性赔偿责任

【解析】①《消费者权益保护法》第55条第1款规定："经营者提供商品或者服务有欺诈行为的，应当按照消费者的要求增加赔偿其受到的损失，增加赔偿的金额为消费者购买商品的价款或者接受服务的费用的三倍；增加赔偿的金额不足五百元的，为五百元。法律另有规定的，依照其规定。"据此，消费者依据《消费者权益保护法》第55条第1款对经营者主张标的额三倍的惩罚性赔偿，要件有三：第一，一方为经营者，一方为消费者；第二，消费者以生活消费为目的购买、使用商品或者接受服务；第三，经营者的欺骗行为成立民法上的"欺诈"。

②乙公司向F出售房屋时，基于欺诈的双重故意，故意告知虚假事实（房屋的实际面积、房型设计、容积率、配套设施等），使F陷于错误认识并因此作出不真实的意思表示，乙公司的行为成立欺诈。遭受欺诈的F是否有权依照《消费者权益保护法》第55条第1款的规定对实施欺诈的乙公司主张标的额三倍的惩罚性赔偿，一直有争议，主要有两种观点。观点（一）：不能（无权）。理由：第一，司法实践遵循的裁判标准一直不承认；第二，购买商品房的自然人是否属于《消费者权益保护法》上的"消费者"存有疑问；第三，商品房价值较大，标的额三倍的惩罚赔偿责任过于巨大，难谓公平。观点（二）：可以（有权）。理由：第一，《消费者权益保护法》并未明确排除购买商品房的自然人有权依据《消费者权益保护法》主张惩罚性赔偿责任；第二，将生活消费为目的购买房屋的自然人定性为《消费者权益保护法》第2条规定的"消费者"，不存在理论上的障碍；第三，符合《消费者权益保护法》规定惩罚性赔偿责任的立法目的，且有利于阻吓司空见惯的房地产开发企业欺诈。

③须注意：(a)《商品房买卖合同解释》[1]于2020年12月23日被修改前，属于原《商品房买卖合同解释》第8条、第9条和第14条规定的“七种情形”之一的，买受人有权主张“不超过已付房款”的惩罚性赔偿责任。(b)《商品房买卖合同解释》于2020年12月23日被修改后，原《商品房买卖合同解释》第8条、第9条和第14条的规定均被“删除”。因此，商品房买受人可否主张惩罚性赔偿，不能再从《商品房买卖合同解释》寻找依据。

【答案】乙公司向F出售房屋时，基于欺诈的双重故意，故意告知虚假事实（房屋的实际面积、房型设计、容积率、配套设施等），使F陷于错误认识并因此作出不真实的意思表示，乙公司的行为成立欺诈。遭受欺诈的F是否有权依照《消费者权益保护法》第55条第1款的规定对乙公司主张标的额三倍的惩罚性赔偿，一直有争议，主要有两种观点。

观点（一）：不能（无权）。理由在于：第一，司法实践遵循的裁判标准一直不承认；第二，购买商品房的自然人是否属于《消费者权益保护法》上的“消费者”存有疑问；第三，商品房价值较大，标的额三倍的惩罚赔偿责任过于巨大，难谓公平。观点（二）：可以（有权）。理由在于：第一，《消费者权益保护法》并未明确排除购买商品房的自然人有权依据《消费者权益保护法》主张惩罚性赔偿责任；第二，将生活消费为目的购买房屋的自然人定性为《消费者权益保护法》第2条规定的“消费者”，不存在理论上的障碍；第三，符合《消费者权益保护法》规定惩罚性赔偿责任的立法目的，且有利于阻吓司空见惯的房地产开发企业欺诈。

8. 若F起诉乙后申请鉴定，乙对鉴定结论提出异议申请重新鉴定，法院应如何处理？为什么？

【考点】鉴定异议

【答案】略（属于民诉法考点）。

9. 乙公司自己是否有权撤销对“青少年成长基金会”的捐赠？为什么？若乙公司丧失债务偿还能力，乙公司的债权人是否有权诉请撤销乙公司对“青少年成长基金会”的捐赠？为什么？

【考点】赠与人的任意撤销权；债权人撤销权

【解析】①(a)《民法典》第658条第1款规定：“赠与人在赠与财产的权利转移之前可以撤销赠与。”《民法典》第658条第2款规定：“经

[1]《最高人民法院关于审理商品房买卖合同纠纷案件适用法律若干问题的解释》，以下简称《商品房买卖合同解释》。

过公证的赠与合同或者依法不得撤销的具有救灾、扶贫、助残等公益、道德义务性质的赠与合同，不适用前款规定。”《慈善法》第41条第1款规定：“捐赠人应当按照捐赠协议履行捐赠义务。捐赠人违反捐赠协议逾期未交付捐赠财产，有下列情形之一的，慈善组织或者其他接受捐赠的人可以要求交付；捐赠人拒不交付的，慈善组织和其他接受捐赠的人可以依法向人民法院申请支付令或者提起诉讼：（一）捐赠人通过广播、电视、报刊、互联网等媒体公开承诺捐赠的；（二）捐赠财产用于本法第三条第一项至第三项规定的慈善活动，并签订书面捐赠协议的。”据此，乙公司与“青少年成长基金会”之间的赠与合同，属于“依法不得撤销”的赠与合同，赠与人乙公司不享有赠与人“任意撤销权”。

（b）《民法典》第663条第1款规定：“受赠人有下列情形之一的，赠与人可以撤销赠与：（一）严重侵害赠与人或者赠与人近亲属的合法权益；（二）对赠与人有扶养义务而不履行；（三）不履行赠与合同约定的义务。”据此，赠与人乙公司亦不享有赠与人“法定撤销权”。

②《民法典》第538条规定：“债务人以放弃其债权、放弃债权担保、无偿转让财产等方式无偿处分财产权益，或者恶意延长其到期债权的履行期限，影响债权人的债权实现的，债权人可以请求人民法院撤销债务人的行为。”据此，债务人无偿处分其财产的，债权人享有债权人撤销权，要件有二：第一，债权人对债务人的债权合法、有效；第二，债务人对债权人负担债务之后，实施了导致其责任财产减少无偿处分财产的行为，并因此影响债权人债权的实现。乙公司负担债务之后，对“青少年成长基金会”无偿赠与，导致乙公司的责任财产减少，并因此无力清偿对外负担的债务，乙公司的债权人享有债权人撤销权，有权诉请法院撤销乙公司与“青少年成长基金会”的赠与合同。

【答案】①乙公司无权撤销对“青少年成长基金会”的捐赠。理由在于：乙公司对“青少年成长基金会”的赠与合同，属于依法不得撤销的具有救灾、扶贫、助残等公益、道德义务性质的赠与合同，根据《民法典》第658条第2款的规定，赠与人乙公司不享有任意撤销权；同时，受让人“青少年成长基金会”亦未实施《民法典》第663条规定的行为，赠与人乙公司不享有法定撤销权。

②乙公司的债权人有权诉请撤销乙公司对“青少年成长基金会”的捐赠。理由在于：乙公司对其债权人负担债务之后，无偿向“青少年成长基金会”赠与财产，该赠与行为导致乙公司的责任财产减少，造成乙公司丧失债务偿还能力，影响债权人债权的实现，根据《民法典》第538条的规

定，乙公司的债权人可行使债权人撤销权，诉请法院撤销乙公司对“青少年成长基金会”的捐赠。

10. 若乙公司未对戊偿还到期债务，丑为了自己的房屋不被执行，替乙公司偿还了1500万元的债务，丑能否向子主张权利？为什么？

【考点】混合担保

【解析】①乙公司对戊负担的债务，子提供人保，对戊承担保证责任；丑提供物保，以其房屋为戊设立抵押权，根据《民法典》第392条的规定，成立混合担保。

②《民法典担保制度解释》第13条第1款规定：“同一债务有两个以上第三人提供担保，担保人之间约定相互追偿及分担份额，承担了担保责任的担保人请求其他担保人按照约定分担份额的，人民法院应予支持；担保人之间约定承担连带共同担保，或者约定相互追偿但是未约定分担份额的，各担保人按照比例分担向债务人不能追偿的部分。”《民法典担保制度解释》第13条第2款规定：“同一债务有两个以上第三人提供担保，担保人之间未对相互追偿作出约定且未约定承担连带共同担保，但是各担保人在同一份合同书上签字、盖章或者按指印，承担了担保责任的担保人请求其他担保人按照比例分担向债务人不能追偿部分的，人民法院应予支持。”《民法典担保制度解释》第13条第3款规定：“除前两款规定的情形外，承担了担保责任的担保人请求其他担保人分担向债务人不能追偿部分的，人民法院不予支持。”

③虽然子、丑对戊成立共同担保，但根据题干交代的信息，“子与丑彼此不知情”，因此，双方既未约定相互追偿及分担份额，亦未约定承担连带共同保证，又未在同一份合同上签字、盖章或者按指印，因此，丑对戊承担责任后，丑只能向债务人乙公司全额追偿，无权向提供担保的第三人子追偿，无权请求子分摊。

【答案】乙公司对戊负担的债务，子提供保证担保，丑提供抵押担保，成立混合担保。若乙公司未对戊偿还到期债务，抵押人丑对戊承担抵押担保责任或者代为清偿责任，由于“子与丑彼此不知情”，根据《民法典担保制度解释》第13条的规定，子、丑未约定相互追偿及分担份额，子、丑未约定承担连带共同担保，子、丑亦未在同一份合同书上签字、盖章或者按指印，因此，丑只享有对乙公司的追偿权，不享有对保证人子的追偿权（分摊请求权）。

（六）2021年统考案例分析题

四、案例分析题。（本题55分）

案情：

【1】枫桥公司位于X市Y区，通过抵顶债务收回一幢20层的“枫叶”写字楼，价值10亿元，位于S市A区，每层1000平方米，19层和20层枫桥公司自用，其余楼层对外租赁。

【2】恒通公司是一家有多个金融牌照的集团公司，位于W市C区。恒通公司为了拓展业务，设立了三家子公司：甲公司（全资子公司）、乙公司（控股子公司）和丙公司（参股子公司）。

【3】甲、乙、丙三家子公司与枫桥公司约定：“分别承租‘枫叶’写字楼的16、17、18层作为办公室，租金每月30万元，按季支付租金。试租期1年，到期未作其他约定的，续租2年，起租日期自2020年1月15日开始起算，若产生纠纷由X市Y区法院管辖。”恒通公司出具了书面《担保函》，表示为三家子公司支付租金的义务提供连带责任保证，枫桥公司接受且未表示异议。恒通公司出具《担保函》时未依照《公司法》的规定形成同意提供担保的有效机关决议，枫桥公司亦未要求提供。

【4】甲公司承租的16层，设施设备损坏，多次联系枫桥公司处理，枫桥公司未处理，甲公司只好垫资自己维修，花费60万元，并明确表示会从下一季度的租金中扣除，枫桥公司表示拒绝。2020年3月，甲公司向枫桥公司支付了30万元，甲公司当时未指明用途。枫桥公司诉至法院，要求甲公司支付第二季度租金90万元，恒通公司承担连带保证责任。

【5】诉讼中，甲公司向法院主张以垫付的维修款60万元抵销租金，2020年3月支付的30万元系支付剩余的租金，枫桥公司不予认可，并且主张2020年3月甲公司支付给自己的30万元是清偿甲公司对自己负担的另一笔金钱债务。后，法院判决：“甲公司向枫桥公司支付租金90万元及利息，恒通公司承担连带清偿责任；如恒通公司清偿债务，可以向甲公司追偿。”

【6】丁（业务经理）代表所在公司去跟乙公司签订标的额为5000万元的《保理合同》途中，将车停在“枫叶”写字楼附属的停车场时，停车场上的一棵树被大风刮倒，砸在丁的车上致车毁人伤，损失共计300万元。事后查明，几日前已有人向“枫叶”写字楼管理方反映有树即将折断倾倒，由于工作人员未登记，交接班时忘记此事，“枫叶”写字楼管理方遂

未采取任何措施。同时，因这一意外，丁未能代表公司与乙公司订立《保理合同》，乙公司因此遭受损失500万元。

【7】丙公司觉得“枫叶”写字楼内部的风格与自己的经营理念不符，与枫桥公司协商，想重新装修，遭到拒绝，丙公司因此心灰意冷，遂未经枫桥公司同意，将第18层转租给另一家公司，并决定1年试租期届满后不再续租，且不再支付剩余的租金。

【8】“枫叶”写字楼经营失败，多次遭到投诉，纠纷越来越多，枫桥公司于2021年1月2日将“枫叶”写字楼整体转让给峰塔公司，甲公司知情后就第16层主张以同等条件优先受让的权利。在此之前，因丙公司未支付到期租金，枫桥公司将丙公司与恒通公司诉至法院。

【9】根据本案案情，请回答下列问题。（如有不同观点和学说，请一并答出）

问题：

1. 枫桥公司起诉甲公司和恒通公司要求支付租金应当由哪个法院管辖？为什么？

【考点】管辖

【答案】略（属于民诉法考点）。

2. 恒通公司如果承担了保证责任，能不能依据生效判决书申请对甲公司执行？为什么？

【考点】执行根据

【答案】略（属于民诉法考点）。

3. 甲公司提出60万元维修费抵销租金的主张，法院应当认定为抗辩还是反诉处理？为什么？

【考点】反诉；抗辩

【答案】略（属于民诉法考点）。

4. 关于甲公司主张2020年3月支付的30万元是支付的租金，如果法院最终未得出心证，法院应当如何处理？

【考点】清偿抵充

【解析】①《民法典》第560条第1款规定：“债务人对同一债权人负担的数项债务种类相同，债务人的给付不足以清偿全部债务的，除当事人另有约定外，由债务人在清偿时指定其履行的债务。”《民法典》第560条第2款规定：“债务人未作指定的，应当优先履行已经到期的债务；数项债务均到期的，优先履行对债权人缺乏担保或者担保最少的债务；均无担保或者担保相等的，优先履行债务人负担较重的债务；负担相同的，按照债务到期的先后顺序履行；到期时间相同的，按照债务比例履行。”《民法典》第561条规定：“债务人在履行主债务外还应当支付利息和实现债权的有关费用，其给付不足以清偿全部债务的，除当事人另有约定外，应当按照下列顺序履行：（一）实现债权的有关费用；（二）利息；（三）主债务。”这是关于“清偿抵充”的规定。

②甲公司对枫桥公司负担两笔以上相同种类的债务（90万元的租金债务和另一笔金钱债务），甲公司仅支付了30万元，甲公司的履行不足以清偿甲公司对枫桥公司负担的全部债务，因此，存在甲公司支付的30万元系清偿哪一笔债务的问题，即“清偿抵充”的问题。

③清偿抵充包括三个类型：第一，约定抵充；第二，指定抵充；第三，法定抵充。三者在适用上的关系是：约定抵充优先于指定抵充；指定抵充优先于法定抵充。

④具体到本题而言：所谓“约定抵充”，指在甲公司支付30万元之前、之时或者之后，对甲公司支付的30万元清偿的是哪一笔债务，甲公司与枫桥公司有约定，则按约定确定甲公司支付的30万元清偿的是哪一笔债务。所谓“指定抵充”，是指若没有约定抵充，则甲公司（债务人）享有指定权，有权在履行时单方面指定所支付的30万元清偿的是哪一笔债务。所谓“法定抵充”，是指既未约定抵充，亦未指定抵充，则依照《民法典》第561条与第560条规定的抵充规则，确定甲支付的30万元清偿的是哪一笔债务。

⑤诉讼中，对甲公司支付的30万元，甲公司主张系清偿剩余的30万元租金，枫桥公司主张系清偿另一笔金钱债务，对于双方的主张，根据双方所提供的证据，若法院未能形成心证，属于不能认定存在约定抵充和指定抵充的事实，此时，法院应当认定，甲公司向枫桥公司支付的30万元，适用法定抵充规则，顺序依照《民法典》第561条和《民法典》第560条的规定发生抵充的效果。

【答案】 由甲公司承担不利后果。甲公司对枫桥公司负担的债务是否已经履行，由债务人甲公司承担证明责任。若法院无法得出心证，应当适用《民法典》第560条和第561条关于清偿抵充的规定，按照法定抵充规则确定甲公司对枫桥公司的履行行为清偿的是哪一笔债务。

5. 丁就遭受的损害，可以向谁主张？为什么？

【考点】 物件致人损害的侵权责任；违反安全保障义务的侵权责任

【解析】 ①《民法典》第1257条规定：“因林木折断、倾倒或者果实坠落等造成他人损害，林木的所有人或者管理人不能证明自己没有过错的，应当承担侵权责任。”据此，因林木倾倒致人损害的，由林木的所有人或者管理人承担过错推定的侵权责任。若枫桥公司为倾倒林木的所有人或者管理人，就林木倾倒给丁造成的人身损害与财产损害，丁有权以《民法典》第 1257 条为请求权基础，请求枫桥公司承担侵权损害赔偿责任。

②《民法典》第 1198 条第 1 款规定：“宾馆、商场、银行、车站、机场、体育场馆、娱乐场所等经营场所、公共场所的经营者、管理者或者群众性活动的组织者，未尽到安全保障义务，造成他人损害的，应当承担侵权责任。”据此，枫桥公司作为经营场所的经营者，应履行合理范围内的安全保障义务，防范停车场上的林木倾倒致人损害，若枫桥公司为倾倒林木的所有人或者管理人，就林木倾倒给丁造成的人身损害与财产损害，丁有权以《民法典》第 1198 条第 1 款为请求权基础，请求枫桥公司承担侵权损害赔偿责任。

③《民法典》第 1198 条第 2 款规定：“因第三人的行为造成他人损害的，由第三人承担侵权责任；经营者、管理者或者组织者未尽到安全保障义务的，承担相应的补充责任。经营者、管理者或者组织者承担补充责任后，可以向第三人追偿。”据此，枫桥公司作为经营场所的经营者，应履行合理范围内的安全保障义务，防范停车场上的林木倾倒致人损害，若第三人系倾倒林木的所有人或者管理人，就林木倾倒给丁造成的人身损害与财产损害，丁有权以《民法典》第 1257 条为请求权基础，请求第三人就全部损害承担侵权责任，并有权同时以《民法典》第 1198 条第 2 款为请求权基础，请求枫桥公司承担与其过错相应的补充责任。枫桥公司承担补充责任后，有权向第三人全额追偿。

【答案】 对此应区分不同情形，作不同的回答。答案（一）：若倾倒的树木归枫桥公司所有或者管理，根据《民法典》第 1257 条的规定，应当由枫桥公司对丁承担侵权损害赔偿责任，归责方式为过错推定。答案（二）：若倾倒的树木归第三人（比如园林局）所有或者管理，根据《民法典》第 1257 条和《民法典》第 1198 条第 2 款的规定，对丁遭受的损害，应当由第三人（比如园林局）承担过错推定的侵权损害赔偿责任，违反安全保障义务的枫桥公司承担与其过错相应的补充责任，枫桥公司承担补充责任后有权向第三人（比如园林局）追偿。

6. 乙公司就因丁受伤未能签订标的额 5000 万元的《保理合同》所遭受的 500 万元损失是否可以主张赔偿？为什么？

【考点】因果关系；纯粹经济损失

【解析】①乙公司因丁受伤未能签订《保理合同》遭受的500万元损失，并非乙公司的人格权、物权、知识产权等绝对权遭受侵害造成的直接损失（所受损失）与间接损失（所失利益），只是遭受的一笔单纯的金钱上的损失，在性质上属于“纯粹经济损失”。

②根据《民法典》第584条的规定，因违约造成的纯粹经济损失，受害人有权主张违约损害赔偿，但受可预见性规则限制。同时，根据《民法典》第500条与第501条的规定，因缔约过失造成的纯粹经济损失（合理信赖利益的损失），受害人有权主张缔约过失损害赔偿责任。本题中，乙公司因丁受伤未能签订《保理合同》遭受的500万元纯粹经济损失，既不是因违约造成的，也不是因缔约过失造成的，因此，乙公司既不能主张违约损害赔偿，亦不能主张缔约过失损害赔偿。

③根据通说观点，原则上，就所遭受的纯粹经济损失，受害人不得请求加害人承担侵权损害赔偿责任。仅在以下两种例外情形，就所遭受纯粹经济损失，受害人才有权请求加害人承担侵权损害赔偿责任：第一，法律明确规定就遭受的纯粹经济损失，受害人有权请求加害人承担侵权损害赔偿责任；第二，加害人故意实施加害行为给受害人造成的纯粹经济损失。本题中，乙公司所遭受的500万元纯粹经济损失，既非加害人故意实施加害行为造成的纯粹经济损失，亦非法律明文规定受害人可以主张侵权损害赔偿责任的纯粹经济损失。因此，乙公司不得主张侵权损害赔偿。

【答案】不能。理由在于：乙公司遭受这500万元损失在性质上属于纯粹经济损失。原则上，树木倾倒砸伤丁不是致使乙公司遭受该损害的必要条件，无相当性，无因果关系。退一步讲，即使认定为具有因果关系，根据通说观点，由于不属于加害人故意给乙公司造成的纯粹经济损失，法律亦未明文规定乙公司有权主张侵权损害赔偿，因此，对这500万元纯粹经济损失，乙公司不得对树木的所有人、管理人和枫桥公司主张侵权损害赔偿。

7. 丙公司是否可以把第18层转租给另一个公司？为什么？

【考点】转租

【解析】①《民法典》第716条第1款规定：“承租人经出租人同意，可以将租赁物转租给第三人。承租人转租的，承租人与出租人之间的租赁合同继续有效；第三人造成租赁物损失的，承租人应当赔偿损失。”《民法典》第716条第2款规定：“承租人未经出租人同意转租的，出租人可以解除合同。”

②租赁合同，以出租人对承租人的信赖为基础，因此，未经出租人同意，承租人不得将租赁财产转租他人。未经出租人同意，出租人擅自将租赁财产转租他人的，属于擅自转租（又称“非法转租”），属于根本违约行为。

③有必要补充强调的是，未经出租人枫桥公司同意，承租人丙公司擅自将租赁财产（枫叶大厦第18层）转租给另一个公司，属于擅自转租。那么，丙公司与该公司间的房屋租赁合同的效力如何呢？对此，《民法典》第723条第1款规定：“因第三人主张权利，致使承租人不能对租赁物使用、收益的，承租人可以请求减少租金或者不支付租金。”据此，丙公司与该公司间的擅自转租合同，系擅自出租他人之物的一个类型，根据《民法典》第723条第1款的规定，丙公司擅自转租的事实，不影响丙公司与该公司之间转租合同的效力，因此，丙公司与该公司之间的转租合同有效，但仅相对有效，仅对丙公司与该公司有效，对出租人枫桥公司无法律约束力。该公司相对于枫桥公司属于无权占有人，若枫桥公司对该公司主张返还原物请求权（请求该公司撤离第18层），该公司只能依照有效的转租合同请求丙公司承担违约责任。

【答案】 **不能。因为，根据《民法典》第716条的规定，枫桥公司与丙公司间的房屋租赁合同，未经出租人枫桥公司同意，承租人丙公司不得转租，丙公司擅自转租的，属于非法转租，出租人枫桥公司因此享有法定解除权。**

8. 枫桥公司把“枫叶”写字楼整体转让给峰塔公司时，甲公司等的租赁合同是否当然解除？为什么？

【考点】 买卖不破租赁

【解析】 ①《民法典》第725条规定：“租赁物在承租人按照租赁合同占有期限内发生所有权变动的，不影响租赁合同的效力。”该条规定了“买卖不破租赁”规则。

②适用“买卖不破租赁”规则，要件有四：第一，不动产或者动产租赁合同有效；第二，出租人已将租赁物交付给承租人，承租人按照租赁合同占有期间；第三，因买卖、互易、赠与、投资、抵押权实现、继承、遗赠、企业合并等原因，租赁物的所有权发生变动；第四，不存在不适用“买卖不破租赁”规则的例外情形。

③本题中，甲公司、乙公司、丙公司与枫桥公司之间的房屋租赁合同有效，枫桥公司将租赁房屋交付甲公司、乙公司、丙公司占有使用期间，租赁房屋因买卖发生所有权变动，由峰塔公司取得租赁房屋的所有权时，

应当适用“买卖不破租赁”规则，由峰塔公司“法定承受”各房屋租赁合同出租人的合同地位，各房屋租赁合同继续存续于甲公司、乙公司、丙公司与峰塔公司之间。

【答案】并不自动解除。理由在于：出租人枫桥公司与甲公司等承租人的租赁合同生效后的租赁期限内，甲公司等承租人合法占有租赁房屋期间，出租人将租赁财产“枫叶”写字楼整体转让给峰塔公司，根据《民法典》第725条规定的买卖不破租赁规则，新的所有人应当法定承受原房屋租赁合同。

9\. 甲公司能否就第16层行使优先购买权？如果能，为什么？如果不能，为什么？

【考点】房屋租赁合同承租人的优先购买权

【解析】①《民法典》第726条第1款规定：“出租人出卖租赁房屋的，应当在出卖之前的合理期限内通知承租人，承租人享有以同等条件优先购买的权利；但是，房屋按份共有人行使优先购买权或者出租人将房屋出卖给近亲属的除外。”《民法典》第726条第2款规定：“出租人履行通知义务后，承租人在十五日内未明确表示购买的，视为承租人放弃优先购买权。”《民法典》第727条规定：“出租人委托拍卖人拍卖租赁房屋的，应当在拍卖五日前通知承租人。承租人未参加拍卖的，视为放弃优先购买权。”这是关于“房屋租赁合同承租人优先购买权”的规定。

②房屋租赁合同承租人享有优先购买权，要件有五：第一，须为房屋租赁合同（动产租赁合同的承租人不享有优先购买权）；第二，须于租赁期间内，出租人出卖房屋、拍卖房屋、与抵押权人协议以租赁房屋折抵债务（出租人将房屋抵押的情形），或者抵押权人拍卖租赁的房屋；第三，须承租人主张以第三人同等条件购买；第四，须于除斥期间内行使优先购买权（除斥期间为承租人收到出卖通知或者知道出卖事实之日起十五日）；第五，不存在承租人不享有优先购买权的例外情形。

③甲公司承租枫叶大厦的第16层，在房屋租赁合同存续期间，出租人枫桥公司将20层的枫叶大厦整体转让给峰塔公司，甲公司仅主张就租赁的第16层行使优先购买权的，甲公司是否享有优先购买权，对此法律无明确规定，因此存在争议，主要有两种观点。观点（一）：甲公司不享有优先购买权。该观点所持理由为，出租人枫桥公司转让给峰塔公司的标的物系枫叶大厦20层的整体，承租人甲公司仅主张就第16层优先受让，甲公司主张受让的条件，与第三人峰塔公司受让的条件，不属于同一条件，因此，甲公司不享有优先购买权。观点（二）：甲公司享有优先购买权。该

观点所持理由为，20层的枫叶大厦，其中每一间系具有独立出入门户的房屋，均具有构造上的独立性、功能上的独立性、法律上的独立性，均可分别成为所有权的客体，因此，虽然出租人枫桥公司转让给峰塔公司的标的物系枫叶大厦20层的整体，但是，仍可在法律上分割为枫桥公司分别将每一间具有独立性的房屋转让给峰塔公司，能够计算并确定枫桥公司将第16层转让给峰塔公司的价格，甲公司主张以“该价格”优先于峰塔公司受让第16层的，仍属主张以同等条件受让，甲公司享有优先购买权。

【答案】对此有争议。观点（一）：甲公司不能就16层行使优先购买权。理由在于：租赁期间，出租人枫桥公司将整栋的“枫叶”大厦出卖给峰塔公司，若承租人仅主张受让第16层的房屋，甲公司主张受让的条件与峰塔公司受让的条件不同，根据《民法典》第726条的规定，甲公司不享有优先购买权。观点（二）：甲公司能够就16层行使优先购买权。理由在于：“枫叶”大厦的每一间有独立出入门户的房屋，均具有构造上、功能上、法律上的独立性，可以单独成为所有权的客体，因此，租赁期间，出租人枫桥公司将整栋的“枫叶”大厦出卖给峰塔公司时，能够计算出第16层的售价，承租人甲公司主张以该价格受让第16层的，属于以同等条件受让，根据《民法典》第726条的规定，甲公司享有优先购买权。

10. 恒通公司是否应当为甲公司和丙公司租金义务承担连带保证责任？为什么？

【考点】公司对外担保

【解析】①《民法典》第685条第2款规定：“第三人单方以书面形式向债权人作出保证，债权人接收且未提出异议的，保证合同成立。”据此，恒通公司与枫桥公司之间成立保证合同。

②《公司法》第16条第1款规定：“公司向其他企业投资或者为他人提供担保，依照公司章程的规定，由董事会或者股东会、股东大会决议；公司章程对投资或者担保的总额及单项投资或者担保的数额有限额规定的，不得超过规定的限额。”丙公司对枫桥公司负担租金支付义务，未依照《公司法》第16条第1款的规定形成同意恒通公司提供保证担保的有效机关决议，恒通公司作为保证人提供非关联担保（丙公司不是恒通公司的股东与实际控制人），属于越权代表，同时，相对人（被担保的债权人）枫桥公司未尽合理注意义务要求提供机关决议并审查，属于恶意相对人，根据《民法典》第504条与《民法典担保制度解释》第7条的规定，该保证合同不能归属于恒通公司承受，就丙公司的租金支付义务，恒通公司对枫桥公司不承担保证责任。须注意：因系越权代表，恒通公司应对枫

桥公司承担缔约过失损害赔偿责任，枫桥公司也有过错，可以减轻恒通公司的缔约过失损害赔偿责任。

③《民法典担保制度解释》第8条第1款规定："有下列情形之一，公司以其未依照公司法关于公司对外担保的规定作出决议为由主张不承担担保责任的，人民法院不予支持：（一）金融机构开立保函或者担保公司提供担保；（二）公司为其全资子公司开展经营活动提供担保；（三）担保合同系由单独或者共同持有公司三分之二以上对担保事项有表决权的股东签字同意。"《民法典担保制度解释》第8条第2款规定："上市公司对外提供担保，不适用前款第二项、第三项的规定。"甲公司对枫桥公司负担租金支付义务，恒通公司作为保证人提供非关联担保（甲公司不是恒通公司的股东与实际控制人），虽未依照《公司法》第16条第1款的规定形成同意恒通公司提供保证担保的有效机关决议，但因被担保的债务人甲公司系恒通公司的"全资子公司"，属于有权代表，根据《民法典》第61条第2款的规定，该保证合同归属于恒通公司承受，若甲公司到期未支付租金，恒通公司应当对枫桥公司承担保证责任。

【答案】 恒通公司须对甲公司的租金义务承担保证责任，但无须为丙公司的租金义务承担保证责任。恒通公司单方出具书面《担保函》，债权人枫桥公司接受且没有提出异议，因此，双方之间成立保证合同。恒通公司虽未经决议即为甲公司提供担保，但是甲公司系恒通公司的全资子公司，因此，该担保有效，恒通公司须就此承担担保责任。恒通公司未经决议即为丙公司提供担保，且债权人枫桥公司并未就此进行审查，可见相对人枫桥公司为恶意。因此，该担保合同不能约束恒通公司，恒通公司不承担保证责任。

（七）2021年九省市延考案例分析题

四、案例分析题。（本题56分）

案情：

【1】张大明与前妻李小丽育有一子张晓晓（2021年1月年满8周岁），张晓晓跟随张大明居住在张大明于2016年购买的蓝丽小区A102栋5楼的一套房屋内。蓝丽小区的物业服务合同于2021年5月到期后，业主既未另聘，亦未续聘，但原物业服务公司仍继续提供物业服务。张大明的妹妹张水悦与丈夫王旭龙育有一子王小沟，王小沟与张晓晓同年，但晚一周出生。

【2】2021年6月6日早上8点，张水悦一家三口来张大明家做客，物

业服务公司的保安照例打电话给张大明核实来访客人身份并登记后允许张水悦一家三口进入蓝丽小区。刚过9点，张晓晓与王小淘经大人同意后出门去玩，出门前，王旭龙叮嘱两个孩子说："只能下楼玩，不能上楼玩，更不能从楼上往下扔东西，那是犯罪。"进入电梯后，张晓晓欲按1楼，但王小淘已经按了20楼，说想到楼顶去看看。二人来到20楼后发现去不了楼顶天台，有两个灭火器放在地上，没有放入消防箱。二人于是尝试着将灭火器放入消防箱，但尝试了几次都没够着。二人转念想到："我们把灭火器从窗户扔到楼下，物业发现后，就会放到该放的位置。"二人于是合力推开20楼的窗户后，一人扔了一个，为了防止砸到人，二人还特意沿着窗户边缘扔下去。

【3】郝源与甲公司约定于2021年6月6日上午10点于蓝丽小区A102栋一楼街面的茶餐厅6号包间签订合同。郝源9点就到了，坐了一会，感到无聊，郝源决定先出去逛逛。出门时，见无人在旁，郝源将6号包间的收款二维码换成自己的收款二维码。出门后，郝源见蓝丽小区的风景不错，决定进去逛逛。郝源于是谎称自己是业主忘带门禁卡，要保安开门让自己进入。蓝丽小区管理严格，原物业服务合同约定，外来人员须通过业主核实身份并登记后才允许进入，因保安正忙于打电话，遂未加核实便给郝源开门。

【4】郝源进入蓝丽小区行走一段路程后，因有人占用道路晾晒陈皮，遂绕道至A105栋楼下的道路上行走，又因A105栋楼上有空调漏水，遂再次绕道至A102栋楼下的道路上靠墙一边行走。此时，一个从天而降的灭火器坠落在郝源身旁，郝源因此受惊跌倒受伤，造成胫骨骨折。甲公司的签约代表到达6号包间等候多时，不见郝源出现，愤怒离去，决定不再与郝源签订合同，郝源因此遭受损失约100万元。

【5】张大明带着张晓晓探视住院治疗的郝源期间，医生见张晓晓气色不好，建议顺便检查一下。检查后，见抽血化验结果显示张晓晓为A型血，而张大明与李小丽均为O型血，张大明便怀疑张晓晓不是自己亲生。张大明立即找李小丽质问，发现李小丽因贩毒被收监羁押，但李小丽拒不说出张晓晓的生父，张大明又去找李小丽的父母，发现李小丽的父母无经济来源，不具有抚养张晓晓的能力。在住院的一个月中，郝源通过更换的茶餐厅6号包间收款二维码共收到客人支付的餐费2万元，茶餐厅月底感觉金额不对后才发现原因，准备起诉追究郝源的民事责任。

【6】因通过调取小区监控录像等措施仍不能确定坠落在郝源身旁的那个灭火器是张晓晓扔下的还是王小淘扔下的，同时，也不能确定在道路上

晾晒陈皮的人，又不能确定当时致郝源绕道的漏水空调是谁家的，在评估了相关人员的赔偿能力后，郝源以张晓晓及其监护人、王小淘及其监护人为共同被告起诉，请求被告共同承担侵权责任。诉讼中，张大明主张张晓晓非自己亲生，自己不是张晓晓的监护人，无须承担责任。王旭龙主张由于不能证明致郝源受伤的那个灭火器是王小淘所扔，且自己当时尽到了教育等监护责任，因此，王小淘及其监护人无须承担责任。因张晓晓、王小淘个人无财产，一审法院判决张晓晓的监护人张大明与王小淘的监护人张水悦、王旭龙对郝源承担10万元的连带侵权损害赔偿责任，并向郝源赔礼道歉。

【7】一审判决书送达时，因王旭龙不在家，张水悦一人签收了判决书，由于夫妻双方多次因为此案争吵关系不睦，所以，直到上诉期间届满后，张水悦才将一审判决书已经送达的事实告诉王旭龙，王旭龙知情后立即提起上诉。

【8】一审上诉期限届满后，郝源申请强制执行。执行阶段，张水悦与郝源达成执行和解协议约定："协议订立后的一个月内，张水悦向郝源的账户打入10万元；不再对郝源赔礼道歉。"后因资金紧张，张水悦未按协议约定在一个月内给郝源的账户打入10万元。郝源于是申请法院恢复对原判决的执行，法院裁定同意。一周后，法院执行前，张水悦向郝源的账户打入10万元。郝源在知悉赔偿款已经支付后，仍请求法院依照原判决对赔礼道歉的责任强制执行。

问题：

1. 张晓晓的监护人应如何确定？

【考点】 监护；父母子女关系

【解析】 ①《民法典》第27条第1款规定："父母是未成年子女的监护人。"《民法典》第27条第2款规定："未成年人的父母已经死亡或者没有监护能力的，由下列有监护能力的人按顺序担任监护人：（一）祖父母、外祖父母；（二）兄、姐；（三）其他愿意担任监护人的个人或者组织，但是须经未成年人住所地的居民委员会、村民委员会或者民政部门同意。"《民法典》第32条规定："没有依法具有监护资格的人的，监护人由民政部门担任，也可以由具备履行监护职责条件的被监护人住所地的居民委员会、村民委员会担任。"

②回答第一问，不能忽略"婚生子女推定制度"。我国现行法虽未作规定，但司法实务中事实上依照该制度处理相关问题。根据该制度，在张大明与李小丽婚姻关系存续期间，张晓晓"受胎"或者"出生"的，推定

张晓晓为张大明的婚生子女。同时，张晓晓系未成年人，母亲李小丽因贩毒被收监羁押无监护能力，根据《民法典》第27条的规定，张大明为张晓晓的法定监护人。

③回答第一问，也不能忽略“婚生子女否认制度”。我国现行法虽未作规定，但司法实务中事实上依照该制度处理相关问题。根据该制度，若张大明能够提供证据推翻张晓晓系张大明婚生子女的推定，如提供证据证明张晓晓受胎期间没有与李小丽同居的事实，或者提供证据证明时间不能、空间不能、生理不能、肤色不能、基因不能等等，张大明可向法院提起否认张晓晓系婚生子女的诉讼，张大明胜诉的判决生效时，张大明与张晓晓自始无亲生父母子女关系。本题中，张大明能够提供证据证明自己与李小丽不可能生出A型血的张晓晓，张大明可向法院提起婚生子女否认之诉，张大明胜诉的判决生效时，张大明与张晓晓自始无亲生父母子女关系。同时，由于张晓晓的母亲、外祖父母均无监护能力，生父暂时不能确定，又没有其他依法具有监护资格的人，根据《民法典》第27条与《民法典》第32条的规定，张晓晓的监护人应当由民政部门担任，也可以由具备履行监护职责条件的被监护人住所地的居民委员会、村民委员会担任。

④须注意：在张大明提起“婚生子女否认之诉”，并获得胜诉判决之前，基于“婚生子女推定制度”，张晓晓的法定监护人为张大明。还须注意：若张大明提起婚生子女否认诉讼，并获得胜诉生效判决，则张大明无须对郝源承担侵权责任。若确定了张晓晓的生父，张晓晓的生父作为法定监护人，应当对郝源承担侵权责任。

【答案】①原则上，应当确定张晓晓的监护人为张大明。理由在于：根据通说，我国承认婚生子女推定制度，张晓晓于张大明与李小丽婚姻关系存续期间受胎或者出生，推定张晓晓为张大明的婚生子女，同时，张晓晓系未成年人，母亲李小丽因贩毒被收监羁押无监护能力，根据《民法典》第27条的规定，张大明为张晓晓的法定监护人。②若张大明提起婚生子女否认之诉，并获得胜诉判决，应当确定张晓晓的监护人为张晓晓住所地的民政部门或者居民委员会、村民委员会。理由在于：根据通说，我国承认婚生子女否认制度，张大明能够提供证据证明自己与李小丽不可能生出A型血的张晓晓，张大明可向法院提起婚生子女否认之诉，张大明胜诉的判决生效时，张大明与张晓晓自始无亲生父母子女关系，同时，由于张晓晓的母亲、外祖父母均无监护能力，生父暂时不能确定，又没有其他依法具有监护资格的人，根据《民法典》第27条与《民法典》第32条的规定，张晓晓的监护人应当由民政部门担任，也可以由具备履行监护职责条件的被监护人住所地的居民委员会、村民委员会担任。

2. 根据《民法典》第1188条的规定和《民诉法解释》[1]第67条的规定，张晓晓、王小淘是否为本案的适格被告？

【考点】共同危险行为；被监护人致人损害的侵权责任

【解析】略（该问属民诉法考点）。

【答案】答案（一）：张晓晓和王小淘是本案的适格被告。首先，从实体法的角度来看，张晓晓、王小淘实施共同危险行为致人损害成立侵权，共同危险行为人应当承担连带侵权损害赔偿责任，同时，张晓晓、王小淘均为限制民事行为能力人，根据《民法典》第1188条的规定，应当先由张晓晓、王小淘以其本人的财产承担赔偿责任，张晓晓、王小淘本人没有财产或者其财产不足以承担赔偿责任，才由其监护人承担无过错的替代责任，因此，只有将张晓晓与王小淘作为共同被告，才能够确定其本人究竟有无财产。其次，从程序法的角度来看，加害行为人本人最了解案件发生时的案情，因此，将张晓晓、王小淘作为共同被告，有利于法院查清案件事实，也有利于执行的一次性实现。答案（二）：张晓晓和王小淘不是本案的适格被告。在司法实务中，实施加害行为的无、限制民事行为能力人往往没有财产，从而往往并非真正的侵权赔偿义务主体，因此，不应当将作为加害人的无、限制民事能力人作为适格的被告，而应当将其监护人作为适格的被告。同时，为有助于法院查清案件事实，可以允许作为加害人的无、限制民事行为能力人作为证人参加诉讼。

3. 在诉讼中，就导致郝源人身损害的灭火器系张晓晓所扔还是王小淘所扔，应当由谁承担证明责任？

【考点】共同危险行为；因果关系推定

【解析】①《民法典》第1254条第1款规定，禁止从建筑物中抛掷物品。从建筑物中抛掷物品或者从建筑物上坠落的物品造成他人损害的，由侵权人依法承担侵权责任。据此，由于能够确定致郝源人身损害的灭火器系张晓晓和王小淘两人中一人抛掷的，即“能够确定具体侵权人”，因此，应当由具体侵权人依照法律的规定对郝源承担侵权责任。

②《民法典》第1170条规定：“二人以上实施危及他人人身、财产安全的行为，其中一人或者数人的行为造成他人损害，能够确定具体侵权

[1]《最高人民法院关于适用〈中华人民共和国民事诉讼法〉的解释》。

人的，由侵权人承担责任；不能确定具体侵权人的，行为人承担连带责任。”该条规定了“共同危险行为”制度。成立共同危险行为，其要件有五：第一，二人以上均实施了足以造成他人人身、财产损害的危险行为；第二，两个以上的危险行为具有时空上的关联性；第三，其中一个行为或者部分行为造成了损害后果；第四，（依据现有证据）不能确定谁的行为实际造成了损害后果的发生；第五，两个以上的危险行为人主观上无意思联络（无共同故意）。

③本题中，张晓晓与王小淘分别从20楼扔下一个灭火器，其中一个灭火器导致郝源遭受人身损害，符合共同危险行为的全部要件特征，成立共同危险行为。共同危险行为，在侵权责任的成立上，采用“因果关系推定”规则，推定全部共同危险行为与损害后果之间具有因果关系，共同危险行为人对损害后果承担连带侵权损害赔偿责任。共同危险行为，在侵权责任的免除上，共同危险行为人若能提供“反证”证明实际加害人（具体侵权人），则案件性质发生转化，不再属于共同危险行为，由确定的实际加害人依照法律的规定承担侵权责任。因此，本案中，在证明责任的分配上，推定张晓晓和王小淘抛掷灭火器的行为与郝源遭受的人身损害之间具有因果关系，而提供“反证”证明导致郝源人身损害的灭火器系张晓晓还是王小淘所扔的责任，由张晓晓或者王小淘承担证明责任。

【答案】 应当由张晓晓、王小淘承担证明责任。理由在于：张晓晓、王小淘各扔一个灭火器，其中一个灭火器导致郝源遭受人身损害，依照现有证据不能确定谁扔的灭火器实际造成的损害后果，根据《民法典》第1170条的规定，成立共同危险行为。共同危险行为，在责任成立上，采因果关系推定规则，推定张晓晓、王小淘的行为与损害具有因果关系；共同危险行为，在责任免除上，共同危险行为人若能提供“反证”证明实际加害人（具体侵权人），由确定的实际加害人依照法律的规定承担侵权责任。综上，就导致郝源人身损害的灭火器系张晓晓所扔还是王小淘所扔，应当由张晓晓、王小淘承担证明责任。

4. 就抛掷灭火器给郝源造成的人身损害，除张晓晓、王小淘及二人的监护人外，还有哪些民事主体有可能承担侵权损害赔偿责任？为什么？占用小区道路晾晒陈皮的业主、A105栋楼上空调漏水的业主，是否应当承担侵权损害赔偿责任？为什么？

【考点】 违反安全保障义务的侵权责任；因果关系

【解析】 ①《民法典》第1254条第2款规定：“物业服务企业等建筑物管理人应当采取必要的安全保障措施防止前款规定情形的发生；未采取

必要的安全保障措施的，应当依法承担未履行安全保障义务的侵权责任。”《民法典》第1198条第2款规定：“因第三人的行为造成他人损害的，由第三人承担侵权责任；经营者、管理者或者组织者未尽到安全保障义务的，承担相应的补充责任。经营者、管理者或者组织者承担补充责任后，可以向第三人追偿。”据此，若能够证明蓝丽小区的物业服务人未采取必要的安全保障措施防止高空抛物，如从未进行相应的宣传、未安装摄像头、未安装必要的防护网等，对郝源遭受的人身损害，对外，物业服务人应当承担与其过错相应的补充责任，对内，物业服务人承担补充责任后，有权向具体侵权人（张晓晓、王小淘及其监护人）追偿。

②假设没有业主占用道路晾晒陈皮，也不存在A105栋楼上某业主的空调漏水，郝源就不会绕道至A102栋楼下，郝源就不会遭受人身损害，因此，业主占用道路晾晒陈皮的行为以及A105栋楼业主空调漏水的行为，均为郝源遭受人身损害的必要条件，但是，通常情况下，有这两类行为，通常不会产生郝源因高空抛物遭受人身损害的损害后果，缺乏相当性，彼此无因果关系。因此，对郝源遭受的人身损害，占用小区道路晾晒陈皮的业主、A105栋楼上空调漏水的业主均不承担侵权损害赔偿责任。

【答案】①蓝丽小区的物业服务人有可能承担侵权责任。理由在于：根据《民法典》第1254条第2款的规定，物业服务人负有防范高空抛物致人损害的安全保障义务，若其违反安全保障义务，应当依照《民法典》第1198条第2款的规定承担与其过错相应的补充责任。②对郝源遭受的人身损害，占用小区道路晾晒陈皮的业主、A105栋楼上空调漏水的业主均不承担侵权损害赔偿责任。理由在于：虽然，这两个行为均为郝源因高空抛物遭受损害的必要条件，但是，缺乏相当性，彼此无因果关系。

5. 就因抛掷灭火器受伤未能与甲公司签订合同所遭受的100万元损失，郝源是否有权主张损害赔偿？为什么？

【考点】纯粹经济损失

【解析】①郝源因受伤未能签订合同所遭受的100万元损失，在类型上属于“纯粹经济损失”。之所以应当认定为纯粹经济损失，是因为，这100万元的损失，不属于张晓晓和王小淘侵害郝源的人格权所造成的直接损失（所受损失）和间接损失（所失利益），仅仅是由于事物之间的联系，由张晓晓和王小淘的加害行为给郝源带来的一笔“纯粹金钱上的损失”。

②郝源因受伤未能签订合同所遭受的100万元损失，作为纯粹经济损失，与张晓晓、王小淘的加害行为之间是否存在因果关系，值得怀疑。若认定无因果关系，郝源自然不得请求加害人承担赔偿责任。

③退一步讲，即使认定郝源遭受的100万元纯粹经济损失，与张晓晓、王小淘的加害行为之间存在因果关系，郝源亦不得请求加害人承担赔偿责任。理由在于：首先，该纯粹经济损失，并非张晓晓、王小淘违约给郝源造成的纯粹经济损失，因此，郝源不得主张违约损害赔偿。其次，根据通说观点：为了防止加害人在不特定的时间、对不特定的人承担不特定的责任，引起诉讼泛滥，因此，原则上，就所遭受的纯粹经济损失，受害人不得请求加害人承担侵权损害赔偿责任。仅在以下两种例外情形，就所遭受纯粹经济损失，受害人才有权请求加害人承担侵权损害赔偿责任：第一，法律明确规定就遭受的纯粹经济损失，受害人有权请求加害人承担侵权损害赔偿责任；第二，加害人故意实施加害人行为给受害人造成纯粹经济损失。本题中，不属于这两种例外情形，因此，郝源因受伤未能签订合同所遭受的100万元损失，郝源对张晓晓、王小淘及其监护人无侵权损害赔偿请求权。

【答案】郝源无权主张损害赔偿。理由在于：这100万元损失，并非侵犯郝源的人格权所造成的直接损失与间接损失，只是给郝源造成了一笔单纯金钱上的损失，性质上属于纯粹经济损失。一方面，不属于因违约行为造成的纯粹经济损失，郝源无权主张违约损害赔偿。另一方面，既不是加害人故意造成的纯粹经济损失，亦不属于法律明文规定可以主张侵权损害赔偿的纯粹经济损失，因此，郝源亦无权主张侵权损害赔偿。

6. 对因郝源更换6号包间的收款二维码致使顾客支付给郝源的2万元，茶餐厅对郝源享有哪些请求权?

【考点】过错侵权；不当得利

【解析】①《民法典》第1165条第1款规定："行为人因过错侵害他人民事权益造成损害的，应当承担侵权责任。"因郝源更换6号包间的收款二维码致使顾客支付给郝源的2万元，属于郝源实施加害行为给茶餐厅造成的纯粹经济损失，郝源系故意实施该加害行为，根据通说观点，成立过错侵权，茶餐厅有权请求郝源承担侵权损害赔偿责任。

②因郝源更换6号包间的收款二维码致使顾客支付给郝源的2万元，这一事实，具有四个特点：第一，郝源获得了财产利益；第二，茶餐厅遭受了财产损失；第三，二者之间具有因果关系；第四，郝源获得该财产利益无法律上的原因。根据《民法典》第985条的规定，成立侵害权益型不当得利，茶餐厅有权请求郝源返还不当得利。

③同一内容的给付，既成立侵权，又成立不当得利，属于请求权竞合，茶餐厅有权对郝源择一主张侵权损害赔偿或者不当得利返还。

【答案】茶餐厅有权选择对郝源择一主张侵权损害赔偿或者不当得利返还。理由在于：一方面，郝源故意实施加害给茶餐厅造成2万元的纯粹经济损失，根据通说，成立过错侵权。另一方面，郝源无法律上原因获得2万元财产利益，并因此给茶餐厅造成损失，成立侵害权益型不当得利。综上，同一内容的给付，既成立侵权，又成立不当得利，属于请求权竞合，茶餐厅有权对郝源择一主张侵权损害赔偿或者不当得利返还。

7. 蓝丽小区的物业公司未经业主核实来客身份即允许郝源进入小区，是否属于违约行为？应承担何种责任？

【考点】物业服务合同

【解析】①《民法典》第948条第1款规定："物业服务期限届满后，业主没有依法作出续聘或者另聘物业服务人的决定，物业服务人继续提供物业服务的，原物业服务合同继续有效，但是服务期限为不定期。"据此，蓝丽小区的物业服务合同于2021年5月到期后，业主既未另聘，亦未续聘，原物业服务公司仍继续提供物业服务，原物业服务合同自动续期，但属于不定期物业服务合同。因此，2021年6月6日，业主与物业服务企业之间存在有效的物业服务合同。

②《民法典》第942条第1款规定："物业服务人应当按照约定和物业的使用性质，妥善维修、养护、清洁、绿化和经营管理物业服务区域内的业主共有部分，维护物业服务区域内的基本秩序，采取合理措施保护业主的人身、财产安全。"《民法典》第942条第2款规定："对物业服务区域内违反有关治安、环保、消防等法律法规的行为，物业服务人应当及时采取合理措施制止、向有关行政主管部门报告并协助处理。"据此，蓝丽小区的物业公司未经业主核实来客身份即允许郝源进入小区，这一行为，属于不履行管理业主共有部分、维护小区基本秩序、保护业主人身财产安全等物业服务合同义务，成立违约，应当对业主承担违约责任。根据《民法典》第577条的规定，业主有权请求物业服务企业承担实际履行、采取补救措施等违约责任。

【答案】①物业服务合同到期后，业主既未另聘，亦未续聘，原物业服务公司仍继续提供物业服务，根据《民法典》第948条第1款的规定，原物业服务合同自动续期，但属于不定期物业服务合同。②物业公司未经业主核实来客身份即允许进入小区，根据《民法典》第942条的规定，属于不履行管理业主共有部分、维护小区基本秩序、保护业主人身财产安全等物业服务合同义务，成立违约，业主有权请求物业服务企业承担实际履行、采取补救措施等违约责任。

8. 王旭龙以一审判决书由张水悦代收以及自己在上诉期间届满后才知一审判决送达的事实为由提起上诉，应否得到法院的支持？

【考点】送达；上诉

【解析】略（该问属民诉法考点）。

【答案】王旭龙不能在上诉期限届满后提出上诉。根据《民事诉讼法》的规定，送达诉讼文书，应当直接送交受送达人。受送达人是公民的，本人不在，交给其同住成年家属签收的，视为完成直接送达；受送达人的同住成年家属在送达回证上签收的日期为送达日期。本案中，法院将判决书交给与王旭龙同住的妻子张水悦，即视为完成直接送达，而无须考虑张水悦是否实际上将签收文书告知并交付王旭龙。因此，上诉期限届满后，王旭龙不得上诉。

9. 在张水悦向郝源的账户打入10万元的赔偿款后，郝源申请法院依照原判对赔礼道歉的责任强制执行，这一申请应否得到法院的支持？为什么？

【考点】执行和解

【解析】略（该问属民诉法考点）。

【答案】法院不得再执行原判决书中的赔礼道歉。在履行执行和解协议的过程中，申请执行人因被执行人迟延履行申请恢复执行的同时，又继续接受并积极配合被执行人的后续履行，直至和解协议全部履行完毕的，属于民事诉讼法及司法解释规定的和解协议已经履行完毕不再恢复执行原生效法律文书的情形。在本案中，郝源由于被执行人迟延履行而申请恢复执行，但是，同时接受了被执行人的继续履行，即接受被执行人赔偿的10万元。此时，执行和解协议已经全部履行完毕，法院不得再执行原判决中的赔礼道歉。如果因为被执行人迟延履行而导致损失，可以另诉主张赔偿。

（八）2022年案例分析题

四、案例分析题。（本题56分）

案情：

【1】2021年1月，南峰市鹿台区的甲公司因扩大经营需要，拟发行公司债券融资。平远市凤凰区的乙公司的大股东兼法定代表人李某也是甲公司股东。为帮助甲公司销售债券，李某找到平远市金龙区丙公司的总经理吴某，要求丙公司帮忙购买甲公司债券。

【2】2021年4月，甲公司债券（3年期，年利率8%）正式发行。4月5日，甲公司与丙公司在南峰市鹿台区签订《债券认购及回购协议》，约定丙公司认购甲公司5000万元债券；甲公司允诺1年后以5500万元回购，如逾期未回购，甲公司向丙公司支付1000万元的违约金。合同还载明，因本合同产生的一切纠纷，均应提交甲公司所在地的南峰市鹿台区法院解决。

【3】4月8日，李某代表乙公司与丙公司在平远市金龙区签订《担保合同》，约定乙公司为甲公司的回购义务及违约责任等提供"充分且完全的担保"。该担保合同载明："因本合同发生的纠纷，双方应友好协商，协商无法解决的，应提交平远仲裁委员会解决。"在签约前，丙公司询问李某是否获得了股东会的同意，李某向丙公司提供了一份微信群聊天记录，记录显示李某曾就担保一事征求乙公司其他两位股东张某、孙某意见，二人均微信回复"无异议"。同时，李某个人应丙公司请求就甲公司回购义务向丙公司提供担保，并明确约定担保方式为：丙公司曾向李某个人借款3000万元，将于2021年7月31日到期；到期后，丙公司可以暂不返还该借款，以此作为李某为甲公司回购义务的担保。

【4】2021年7月31日，丙公司未向李某支付该笔借款。

【5】2022年4月，回购日期届至，甲公司未履行回购义务。丙公司沟通无果，向鹿台区法院起诉甲公司、乙公司，提出诉讼请求一：甲公司履行回购义务并支付违约金1000万元；诉讼请求二：乙公司对甲公司上述义务承担连带责任。甲公司在答辩期间提交答辩状，未提出管辖权异议，但在开庭中提出，担保合同中存在仲裁协议，鹿台区法院对案件无管辖权。乙公司其他两位股东张某、孙某知悉该诉讼的消息后，向法院表示，依照公司章程，公司对外担保应经过股东会决议，李某代表乙公司签订的担保合同应为无效。李某则表示，虽没有召开股东会，但李某通过微信聊天征求过张某和孙某的意见，他们均未表示反对，并提供了一份3人微信聊天记录截图的纸质打印件，并表示因为手机更换，只能提供当时聊天记录截图的纸质打印版。丙公司另行向平远市金龙区法院起诉李某，请求确认李某对其的3000万元债权已因承担担保责任而消灭。

【6】后丙公司发现，乙公司本身已无有价值的财产，但其全资控股了主营建筑业务的丁公司。丙公司认为，丁公司长期与乙公司混用财务人员、其他工作人员和工作场所，账目不清，其财产无法与乙公司财产相区分，应与乙公司承担连带责任。丁公司承揽的戊公司的建设工程已竣工验收，但戊公司尚未依照合同约定的时间支付价款1000万元，因此丙公司希望丁、戊两公司一并承担责任。

问题：根据以上事实，请回答下列问题（对于有不同观点的问题，请说明各种观点以及理由）

1. 根据丙公司的诉讼请求一，甲公司是否应当履行回购义务？请说明理由。如甲公司主张该回购安排违反了债权人平等受偿的原则，应为无效，甲公司的主张是否成立？请说明理由。

【考点】让与担保

【解析】①《民法典担保制度解释》第68条第3款规定："债务人与债权人约定将财产转移至债权人名下，在一定期间后再由债务人或者其指定的第三人以交易本金加上溢价款回购，债务人到期不履行回购义务，财产归债权人所有的，人民法院应当参照第二款规定处理。回购对象自始不存在的，人民法院应当依照民法典第一百四十六条第二款的规定，按照其实际构成的法律关系处理。"

②甲公司与丙公司间《债券认购及回购协议》的内容是，丙公司支付5000万元购买甲公司的债券，甲公司将相应的债券债权在形式上移转归丙公司享有，1年后，甲公司以交易本金5000万元加上溢价款500万元回购，该协议虽名为《债券认购及回购协议》，根据《民法典担保制度解释》第68条第3款的规定，应当认定，甲公司与丙公司因该协议成立两方面的法律关系：第一，甲公司向丙公司借款5000万元的借款合同，借期1年，按年利率10%支付借期利息；第二，甲公司以相应的债券债权为标的物为丙公司设立让与担保。

③若已经完成公示（即已经在动产和权利担保登记机关办理了登记），丙公司对担保财产债券债权享有让与担保担保物权，在甲公司不履行到期的还款义务时，丙公司有权主张对担保财产债券债权优先受偿，即优先于甲公司其他债权人的普通债权优先受偿，这样丙公司对甲公司的借款债权就具有优先于甲公司其他债权人的普通债权优先受偿的地位。

④当然，若尚未完成公示（即尚未到动产和权利担保登记机关办理登记），丙公司对担保财产债券债权的让与担保担保物权尚未设立，但是，丙公司有权请求甲公司依照有效的让与担保合同履行办理设立登记的合同义务，为丙公司设立让与担保担保物权。

【答案】①甲公司应当履行回购义务。理由在于：甲公司与丙公司间协议的内容是，甲公司将债券债权移转至丙公司名下，1年后，甲公司以交易本金5000万元加上溢价款500万元回购，该协议虽名为《债券认购及回购协议》，根据《民法典担保制度解释》第68条第3款的规定，应当认定甲公司与丙公司因该协议成立两方面的法律关系：第一，甲公司向丙公司借款5000万元的借款合同，借期1年，按年利率10%支付借期利息；第二，甲公司以相应的债券债权为标的物为丙公司设立让与担保。因此，约定的1年借期届满时，甲公司应当履行还款义务（即协议约定的“回购义务”）。②若甲公司主张该回购安排违反了债权人平等受偿的原则，应为无效，甲公司的主张不成立。理由在于：虽然原则上，债权具有平等性，同一个标的上同时并存的数个内容相同或者内容矛盾的债权，无论成立的先后，各债权内容实现的地位平等，不存在其中一个债权优先于另一个债权实现的优先顺位，但是，基于意思自治，债权人在债权成立时，可以通过为债权设立担保物权的方式使该债权内容实现的顺位优先。

2. 根据丙公司的诉讼请求一，甲公司是否应当支付违约金？请说明理由。关于甲公司请求法院予以减少违约金的主张能否得到法院支持？请说明理由。

【考点】补偿性违约金

【解析】①《民法典》第577条规定：“当事人一方不履行合同义务或者履行合同义务不符合约定的，应当承担继续履行、采取补救措施或者赔偿损失等违约责任。”据此，甲公司未履行到期的还款义务的，属于违约，应当承担违约责任，丙公司有权请求甲公司按照约定支付补偿性违约金。

②《民法典合同编通则部分解释》第66条第1款规定：“因不履行租金、价款或者报酬等金钱债务，或者履行金钱债务不符合约定，非违约方依据当事人之间的约定请求违约方赔偿自约定支付日至实际支付日之间的逾期付款损失的，人民法院依法予以支持；没有约定的，人民法院可以违约行为发生时中国人民银行授权全国银行间同业拆借中心公布的同期同类贷款市场报价利率（LPR）为基础，加计30—50%计算。”2022年4月，1年期借款的市场报价利率（LPR）为年利率3.7%，加计50%后为年利率5.55%。假设甲公司迟延偿还5500万元本息长达1年，按照5.55%的年利率计算，因此给丙公司造成的损失（利息损失）为305万元。

③《民法典》第585条第2款规定：“约定的违约金低于造成的损失的，人民法院或者仲裁机构可以根据当事人的请求予以增加；约定的违约金过分高于造成的损失的，人民法院或者仲裁机构可以根据当事人的请求予以适当减少。”《民法典合同编通则部分解释》第69条第2款规定：“当事人约定的违约金超过依据民法典第五百八十四条规定确定的损失的百分之三十的，一般可以认定为民法典第五百八十五条第二款规定的‘过分高于造成的损失’。”如前所述，假设甲公司迟延偿还5500万元本息长达1年，因此给丙公司造成的损失为305万元，而约定的补偿性违约金为

1000万元，属于约定的补偿性违约金过分高于因违约造成的损失，甲公司有权请求法院予以酌情减少。

【答案】①甲公司应当支付违约金。理由在于：1年借期届满，甲公司未还款的，成立违约，丙公司有权请求甲公司按照约定支付补偿性违约金。②甲公司请求法院减少违约金的主张应当得到法院的支持。理由在于：即使假设甲公司迟延偿还5500万元本息长达1年，根据《民法典合同编通则部分解释》第68条第1款的规定，按照1年期贷款市场报价利率（LPR）3.7%加计50%后的利率，即5.55%的年利率计算，因此给丙公司造成的损失（利息损失）为305万元左右，而约定的补偿性违约金为1000万元，属于约定的补偿性违约金过分高于因违约造成的损失，根据《民法典》第585条第2款的规定，甲公司有权请求法院予以酌情减少。

3. 张某和孙某提出乙公司担保合同无效的主张是否成立？请说明理由。

【考点】公司对外担保

【解析】《民法典担保制度解释》第8条第1款规定："有下列情形之一，公司以其未依照公司法关于公司对外担保的规定作出决议为由主张不承担担保责任的，人民法院不予支持：（一）金融机构开立保函或者担保公司提供担保；（二）公司为其全资子公司开展经营活动提供担保；（三）担保合同系由单独或者共同持有公司三分之二以上对担保事项有表决权的股东签字同意。"《民法典担保制度解释》第8条第2款规定："上市公司对外提供担保，不适用前款第二项、第三项的规定。"首先，根据民事诉讼法的规定，李某提供的张某、孙某同意乙公司提供担保的微信聊天记录截图的纸质打印件，可以作为认定张某、孙某同意乙公司提供担保的有效证据。其次，虽未依照《公司法》第16条的规定形成同意乙公司作为担保人提供担保的有效的乙公司决议，但是，已经经乙公司2/3以上对担保事项有表决权的股东同意，乙公司的法定代表人享有代表乙公司提供担保的相应代表权限，所订立的担保合同应当归属于乙公司承受。

【答案】不成立。理由在于：对甲公司对丙公司负担的还款义务，乙公司提供担保，虽未依照《公司法》第16条的规定形成同意乙公司作为担保人提供担保的有效的乙公司决议，但是，已经经乙公司2/3以上对担保事项有表决权的股东同意，根据《民法典担保制度解释》第8条的规定，乙公司的法定代表人李某享有相应的代表权限，李某代表乙公司与丙公司订立的担保合同，根据《民法典》第61条第2款的规定，应当归属于乙公司承受，对乙公司发生效力。

4. 根据丙公司的诉讼请求二，乙公司应当承担何种担保责任？请说明理由。

【考点】保证的概念；保证方式

【解析】①《民法典》第386条规定："担保物权人在债务人不履行到期债务或者发生当事人约定的实现担保物权的情形，依法享有就担保财产优先受偿的权利，但是法律另有规定的除外。"担保物权的特征在于，担保人将其特定财产的交换价值提供给债权人支配，在符合法定条件时，债权人可对该特定财产优先受偿以清偿被担保的债权。

②《民法典》第681条规定："保证合同是为保障债权的实现，保证人和债权人约定，当债务人不履行到期债务或者发生当事人约定的情形时，保证人履行债务或者承担责任的合同。"保证的特征在于，保证人以其一般责任财产（即个人信用）担保债务的履行，在符合法定条件时，债权人有权请求保证代为履行担保的非金钱债务或者对债权人承担赔偿责任，从而清偿被担保的债权

③《民法典》第691条规定："保证的范围包括主债权及其利息、违约金、损害赔偿金和实现债权的费用。当事人另有约定的，按照其约定。"乙公司向丙公司提供担保时，并非约定乙公司以其某一特定财产的交换价值优先保障丙公司债权的实现，因此，应当认定乙公司提供的为保证担保，同时，"充分且完全的担保"系对乙公司承担保证责任范围的约定，含义是乙公司对甲公司的全部债务承担担保责任。

④《民法典》第686条第2款规定："当事人在保证合同中对保证方式没有约定或者约定不明确的，按照一般保证承担保证责任。"乙公司与丙公司未约定保证方式，应当认定保证方式为一般保证。

【答案】乙公司应当承担保证责任，且保证方式为一般保证。理由有三：第一，乙公司与丙公司没有约定乙公司以其特定财产的交换价值担保甲公司债务的履行，仅约定乙公司以其信用担保甲公司债务的履行；第二，"充分且完全的担保"系对乙公司担保责任范围的约定，含义是乙公司对甲公司的全部债务提供担保；第三，没有约定保证方式，根据《民法典》第686条第2款的规定，按一般保证承担保证责任，即乙公司享有先诉抗辩权。

5. 请具体分析李某向丙公司提供的担保的性质。

【考点】让与担保

【解析】①《民法典担保制度解释》第68条第1款规定："债务人或者第三人与债权人约定将财产形式上转移至债权人名下，债务人不履行到

期债务，债权人有权对财产折价或者以拍卖、变卖该财产所得价款偿还债务的，人民法院应当认定该约定有效。当事人已经完成财产权利变动的公示，债务人不履行到期债务，债权人请求参照民法典关于担保物权的有关规定就该财产优先受偿的，人民法院应予支持。”

②《民法典担保制度解释》第68条第2款规定：“债务人或者第三人与债权人约定将财产形式上转移至债权人名下，债务人不履行到期债务，财产归债权人所有的，人民法院应当认定该约定无效，但是不影响当事人有关提供担保的意思表示的效力。当事人已经完成财产权利变动的公示，债务人不履行到期债务，债权人请求对该财产享有所有权的，人民法院不予支持；债权人请求参照民法典关于担保物权的规定对财产折价或者以拍卖、变卖该财产所得的价款优先受偿的，人民法院应予支持；债务人履行债务后请求返还财产，或者请求对财产折价或者以拍卖、变卖所得的价款清偿债务的，人民法院应予支持。”

③一切具有可转让性的财产权均可作为标的物设立让与担保。李某与丙公司担保协议约定的内容是，李某将其丙公司的借款债权转让给丙公司享有，以担保甲公司借款债务的履行，属于以李某对丙公司的借款债权为标的为丙公司设立让与担保。根据《民法典担保制度解释》第68条的规定，若已经完成公示，即已经到动产与权利担保登记机关办理完毕让与担保的设立登记，发生基于法律行为的动产物权变动效果，丙公司对担保财产（李某对丙公司的借款债务）享有作为非典型担保物权的让与担保担保物权，但是，双方让与担保协议中的流担保条款无效，因此，被担保的债务人甲公司不履行到期债务的，丙公司不能按照无效的流担保条款终局确定取得让与担保财产（李某对丙公司的借款债务），丙公司可对担保财产行使让与担保担保物权，对担保财产优先受偿。

④《民间借贷规定》第23条第1款规定：“当事人以订立买卖合同作为民间借贷合同的担保，借款到期后借款人不能还款，出借人请求履行买卖合同的，人民法院应当按照民间借贷法律关系审理。当事人根据法庭审理情况变更诉讼请求的，人民法院应当准许。”《民间借贷规定》第23条第2款规定：“按照民间借贷法律关系审理作出的判决生效后，借款人不履行生效判决确定的金钱债务，出借人可以申请拍卖买卖合同标的物，以偿还债务。就拍卖所得的价款与应偿还借款本息之间的差额，借款人或者出借人有权主张返还或者补偿。”

⑤李某为丙公司设立的让与担保，若尚未完成公示，即尚未办理让与担保设立登记，则未发生物权变动的效果，丙公司对担保财产（李某对

丙公司的借款债务）的让与担保物权尚未设立。根据区分原则，让与担保合同已经成立并生效，丙公司有权请求李某履行合同义务，办理让与担保的设立登记。若最终李某一直没有办理让与担保的设立登记，被担保的债务人甲公司到期未还款时，丙公司可以主张类推适用《民间借贷规定》第23条的规定，丙公司应当依照借款合同对甲公司起诉，丙公司获得胜诉生效判决后，甲公司仍未还款的，丙公司有权申请法院拍卖担保财产（李某对丙公司的借款债权），并以变卖所得的价款清偿甲公司的借款债务，但丙公司不享有优先受偿权。

【答案】李某对丙公司的借款债权属于现有的应收账款债权，双方协议的实质内容为："李某将该债权转让给丙公司，用于担保甲公司债务的履行；若甲公司履行了到期债务，丙公司将该债权返还给李某；若甲公司未履行到期债务，丙公司终局确定取得该债权，抵偿甲公司的到期债务，无须履行清偿义务。"这一约定属于让与担保。其担保效力，分两种情形而有不同。情形（一）：已经在法定登记机关为丙公司办理了让与担保登记，根据《民法典担保制度解释》第68条第1款与第2款的规定，成立让与担保，丙公司对担保财产（李某对丙公司的借款债权）享有作为非典担保物权的让与担保担保物权，甲公司到期未还款的，丙公司可对担保财产行使优先受偿权。情形（二）：尚未在法定登记机关为丙公司办理了让与担保登记的，根据《民法典担保制度解释》第68条第1款、第2款与《民间借贷规定》第23条的规定，成立后让与担保，甲公司到期未还款的，丙公司应当依照借款合同对甲公司起诉，丙公司获得胜诉生效判决后，甲公司仍未还款的，丙公司有权申请法院拍卖担保财产（李某对丙公司的借款债权），并以变卖所得的价款清偿甲公司的借款债务，但丙公司不享有优先受偿权。

6. 关于乙公司在开庭过程中提出的管辖权异议，法院应当如何处理？

【答案】略（属于民诉法考点）。

7. 在丙公司提起的诉讼中，张某和孙某是否有权提出乙公司保证合同无效的主张和证据？请说明理由。

【答案】略（属于民诉法考点）。

8. 请分析打印的微信聊天记录截图的证据能力和证明力，并说明理由。

【答案】略（属于民诉法考点）。

9. 关于丙公司对李某提出的诉讼，请结合受理条件，法院应当如何处理？

【答案】略（属于民诉法考点）。

10. 丙公司是否有权要求丁公司承担连带责任？请说明理由。

【考点】法人人格否认

【解析】①《民法典》第83条第1款规定："营利法人的出资人不得滥用出资人权利损害法人或者其他出资人的利益；滥用出资人权利造成法人或者其他出资人损失的，应当依法承担民事责任。"这是对"法人人格否认"制度的规定。

②法人人格否认包括"正向否认"与"反向否认"。"正向否认"又包括"纵向否认"与"横向否认"。《民法典》第83条第1款、《公司法》第20条第3款与第63条、《九民纪要》第10条至第13条对法人人格的正向否认作了规定。所谓"法人人格的正向否认"，指公司的控制股东或者实际控制人实施人格混同、过度支配与过度控制、经营资本显著不足等滥用公司独立责任、公司成员有限责任的滥用行为，因此导致严重损害公司债权人利益的损害后果（主要表现为公司负担数额较大的债务无力清偿），即可在公司的债务纠纷中否认公司的法人人格，判令实施了滥用行为的控制股东或者实际控制人对公司的债务承担连带责任。

③"法人人格的反向否认"，现行法未作规定，但学理与实务均承认。所谓"法人人格的反向否认"，指若公司的控制股东或者实际控制人实施滥用公司独立责任、公司成员有限责任的滥用行为，因此导致控制股东或者实际控制人无力清偿对其债权人负担的较大数额的债务，可在控制股东或者实际控制人的债务纠纷中否认公司的法人人格，判令公司对控制股东或者实际控制人的债务承担连带责任。

④一人公司丁公司与其股东乙公司，存在场所混同、人员混同、财产混同以及人格混同等情形，表明股东乙公司实施了滥用丁公司独立责任、丁公司股东有限责任的滥用行为，因此导致乙公司承担数千万元担保责任的损害后果，严重损害乙公司债权人的利益，根据通说，可以反向否认丁公司的法人人格，判决对于乙公司应当对丙公司承担的担保责任，由丁公司承担连带责任。

【答案】有权。理由在于：丁公司属于一人公司，与股东乙公司人格混同，并且乙公司无力承担数额较大的保证责任，严重损害乙公司债权人利益，根据通说观点，可以反向否认丁公司的法人人格，判令丁公司对乙公司的保证责任承担连带责任。

11. 如法院判决支持了丙公司对乙公司的诉讼请求，丙公司在执行过程中，申请法院追加丁、戊两公司作为被执行人，法院应当如何处理？如法院裁定追加，丁、戊两公司不同意追加，有何救济措施？

【答案】略（属于民诉法考点）。

第三部分　有争议民法知识点（摘编）

1. 借名买房		
例子	甲、乙订立协议约定："乙以自己的名义与丙房地产开发商订立购买 A 房屋的商品房买卖合同，A 房屋归甲所有，但登记于乙名下。所需购房款以及相关费用由甲事先一次性支付给乙。A 房屋交付后，由甲占有、使用、收益。"协议订立后，甲按约支付给乙全部房款及费用，乙自丙处购买了 A 房屋，所有权登记于乙名下，乙将 A 房屋交付给甲占有、使用。后，因对 A 房屋所有权的归属产生争执，甲诉至法院请求法院判决确认 A 房屋归甲所有，乙则反诉请求法院确认 A 房屋归乙所有。	
问题	法院应如何判决？理由是什么？	
观点展示	①	观点（一）："实际出资人说"。该观点主张，法院应判决确认 A 房屋归甲所有，登记于乙名下属于登记错误，甲有权请求不动产登记机构办理更正登记。理由在于：甲、乙约定甲借用乙的名义所购 A 房屋由甲享有所有权，该约定系双方真实的意思表示，约定有效，A 房屋虽登记于乙的名下，系甲、乙故意造成的登记错误，并非意在让乙取得所有权，因此，属于甲有证据证明其为 A 房屋所有权的真实权利人，且不动产登记簿的记载与真实权利状态不符，根据《民法典物权编解释（一）》第 2 条的规定，法院应当判决 A 房屋归甲所有。
	②	观点（二）："登记名义人说"。该观点主张，法院应判决确认 A 房屋归乙所有，但甲、乙借名买房协议有效，甲有权依照该协议请求乙为甲办理 A 房屋所有权的过户登记，自为甲办理过户登记时，甲取得 A 房屋所有权。理由在于：依照《民法典》第 209 条的规定，除非法律另有规定，不动产物权的移转，自依法登记时发生效力，甲、乙借名买房协议不属于法律例外规定无须不动产登记即可发生不动产物权变动的情形，因此，A 房屋所有权归乙享有，同时，甲、乙的借名买房协议有效，甲有权依照有效的协议请求乙对甲履行为甲办理 A 房屋过户登记的义务，自为甲办理过户登记时，甲取得 A 房屋所有权。

2. 债务人与第三人均提供物保的共同物保	
例子	为担保甲对乙负担的 100 万元债务，甲以其 A 房屋抵押担保，办理了抵押登记，未约定 A 房屋担保债务的范围，丙以其 B 房屋抵押担保，办理了抵押登记，未约定 B 房屋担保债务的范围。

续表

<table>
<tr><th colspan="3">2. 债务人与第三人均提供物保的共同物保</th></tr>
<tr><td>问题</td><td colspan="2">若甲对乙不履行到期的100万元债务，乙对A房屋、B房屋行使抵押权有无顺序与份额的限制？为什么？</td></tr>
<tr><td rowspan="2">观点展示</td><td>①</td><td>观点（一）：无顺序与份额的限制。理由在于：首先，因未约定抵押财产所担保债务的范围与份额，A房屋与B房屋抵押担保的范围均为100万元债务的全部，根据《民法典》第699条与《民法典担保制度解释》第20条的规定，乙有权选择请求任何一个抵押人在其担保范围内承担抵押担保责任；其次，A房屋抵押与B房屋抵押属于共同物保，乙对A房屋行使抵押权与对B房屋行使抵押权均同样简便、费用支出有限。</td></tr>
<tr><td>②</td><td>观点（二）：有顺序上的限制。理由在于：A房屋抵押与B房屋抵押虽属共同物保，且担保范围均为100万元债务的全部，但是，甲是最终的责任承担者且以其财产A房屋设立抵押，为避免循环求偿与避免无谓浪费资源，乙应当先对A房屋行使抵押权，对A房屋行使抵押权未获全部清偿时，才能对B房屋行使抵押权。</td></tr>
</table>

<table>
<tr><th colspan="3">3.《民法典》第807条规定的承包人工程价款优先受偿权是否具有移转上的从属性</th></tr>
<tr><td>例子</td><td colspan="2">甲将A建设工程发包给乙。乙建造的工程竣工验收质量合格后，甲对乙仍有2000万元工程价款到期未支付，乙催告后经过合理期限，甲仍未支付。因急需用钱，乙以1800万元的价格将对甲的2000万元工程价款债权转让了丙。丙受让后，甲一直未向丙支付。</td></tr>
<tr><td>问题</td><td colspan="2">丙是否有权对A建设工程主张承包人工程价款优先受偿权？为什么？</td></tr>
<tr><td rowspan="2">观点展示</td><td>①</td><td>观点（一）：丙无权对A工程主张承包人工程价款优先受偿权。理由在于：第一，从立法意旨上看，《民法典》第807条规定承包人优先受偿权是为了保障建筑工人的利益，使承包人乙拥有足够的资金为建筑工人支付到期工资，而受让人丙往往不对建筑工人负担支付到期工资的义务；第二，从制度的合理性上看，《民法典》第807条规定承包人的优先受偿权是因为建设工程包含了已经物化的承包人乙的劳动成果（承包人乙垫付的资金、提供的劳务等），而建设工程往往并不包含受让人丙的物化劳动成果。</td></tr>
<tr><td>②</td><td>观点（二）：丙有权对A工程主张承包人工程价款优先受偿权。理由在于：第一，从性质上看，《民法典》第807条规定的承包人优先受偿权属于担保工程价款债权内容实现的从权利，具有移转上的从属性，乙将对甲的工程价款债权转让给丙之时，除非法律另有规定或者乙、丙另有约定，丙受让工程价款债权的同时，根据《民法典》第547条第1款的规定，一并取得对A建设工程的优先受偿权。第二，从制度的运作效果来看，只有承认工程价款债权的受让人丙对A建设工程享有优先受偿权，丙才愿意受让工程价款，乙才能更为便捷地获得相应的融资为建筑工人支付到期工资，从而将保障建筑工人利益的立法意旨落到实处。</td></tr>
</table>

<table>
<tr><th colspan="3">4. 实际施工人对建设工程是否享有工程价款优先受偿权</th></tr>
<tr><td>例子</td><td colspan="2">国有独资公司甲公司以国家拨款建造 A 楼，未履行招标程序，甲公司与乙公司订立《建设工程施工合同》约定：“甲公司将 A 楼发包给乙公司，工程价款 3000 万元。”A 楼竣工验收合格后，甲公司仅向乙支付了 1000 万元工程款，剩余的经多次催告一直不支付。乙公司主张对 A 楼行使《民法典》第 807 条规定的承包人工程价款优先受偿权，申请法院拍卖 A 楼，并主张优先受偿。</td></tr>
<tr><td>问题</td><td colspan="2">法院应否支持乙公司的拍卖申请？为什么？</td></tr>
<tr><td rowspan="3">观点展示</td><td colspan="2">A 楼建设工程属于强制招投标建设工程，未经招标程序，甲公司将 A 楼建设工程发包给乙公司，甲、乙间的建设工程施工合同无效。乙公司建造的工程经验收质量合格，根据《民法典》第 793 条第 1 款以及《建设工程施工合同解释（一）》第 38 条的规定，乙公司有权请求甲公司参照双方之间的无效建设工程施工合同对乙公司折价补偿，支付工程价款。甲公司不对乙公司支付到期工程价款且经催告后经过合理期间仍未支付，乙公司作为施工人，是否对建设工程享有工程价款优先受偿权，学理上有争议，主要有两种观点：</td></tr>
<tr><td>①</td><td>观点（一）：实际施工人乙公司对 A 楼不享有工程价款优先受偿权，法院应驳回乙公司的申请。理由在于：甲公司与乙公司间的《建设工程施工合同》无效，甲、乙订立该《建设工程施工合同》属于实施违法行为，若赋予实际施工人乙公司工程价款优先受偿权，就是对违法行为的怂恿和鼓励。</td></tr>
<tr><td>②</td><td>观点（二）：实际施工人乙公司对 A 楼享有工程价款优先受偿权，法院应支持乙公司的申请。理由有三点：第一，《民法典》第 807 条与《建设工程施工合同解释（一）》并未明文排除实际施工人对建筑工程享有优先受偿权。第二，《民法典》第 807 条规定工程价款优先受偿权的立法意旨之一，是保障建筑工人利益，乙公司作为实际施工人，对建筑工人负担支付到期工资的义务，承认实际施工人乙公司享有工程价款优先受偿权，有利于保障建筑工人的利益。第三，《民法典》第 807 条赋予承包人工程价款优先受偿权的最主要理由，在于建设施工过程中劳务、材料等凝结在建筑物中，承包人的投入不可逆转地形成了建设工程，在这一点上，实际施工人和与发包人直接订立了有效的建设工程施工合同的承包人，并不无不同。</td></tr>
</table>

<table>
<tr><th colspan="2">5. 共同危险行为的免责事由</th></tr>
<tr><td>例子</td><td>上元节，住同一栋楼四、五、六层的甲、乙、丙分别在各家阳台将数枚鞭炮点燃后扔至楼下空地燃炸，其中一枚鞭炮将正好路过的丁的左眼炸伤，但不能确定炸伤丁的鞭炮是谁扔的。丁以甲、乙、丙的行为成立共同危险行为为由，诉至法院，请求甲、乙、丙对自己因此遭受的人身损害承担连带损害赔偿责任。在诉讼过程中，虽仍未能确定具体侵权人，但甲提供证据证明自己燃放鞭炮的行为与丁遭受的人身损害无因果关系（甲提供证据证明致丁人身损害的火药成分与甲燃放鞭炮的火药成分存在实质性差异具有高度的盖然性）。</td></tr>
</table>

续表

<table>
<tr><th colspan="3">5. 共同危险行为的免责事由</th></tr>
<tr><td>问题</td><td colspan="2">法院应如何判决？为什么？</td></tr>
<tr><td rowspan="2">观点展示</td><td>①</td><td>观点（一）：法院应判决甲不承担侵权责任，由乙、丙承担连带损害赔偿责任。理由在于：甲、乙、丙成立共同危险行为，根据《民法典》第1170条的规定，采因果关系推定，推定甲、乙、丙的行为与损害之间具有因果关系，因此，若甲能够提供证据证明其行为与损害无因果关系，甲即不应当承担责任。</td></tr>
<tr><td>②</td><td>观点（二）：法院应当判决甲、乙、丙承担连带损害赔偿责任。理由在于：甲、乙、丙成立共同危险行为，根据多数观点，在责任成立上采因果关系推定，推定甲、乙、丙的行为与损害之间具有因果关系，但在责任免除上不采因果关系推定，即若不能提供证据确定具体侵权人，仅提供证据证明自己的危险行为与损害无因果关系，不能免除连带责任。这是基于两点考虑：第一，民事证明标准为高度盖然性证明标准，只是一种法律上的真实，而非客观上的真实；第二，若仅证明自己的危险行为与损害无因果关系即可免除责任，则所有的共同危险行为人都可能因此免责，这与共同危险行为制度方便受害人救济的立法意旨不符。</td></tr>
</table>

<table>
<tr><th colspan="3">6. 网约车发生道路交通事故致人损害的责任</th></tr>
<tr><td>例子</td><td colspan="2">2021年4月1日，赵某通过网约车平台“点点出行”的约车App下单约车后，乘坐钱某驾驶的“Faraday Future”电动汽车过程中，因钱某不当驾驶发生交通事故，赵某因此受重伤，钱某仅遭受轻微伤，就保险金不能弥补的损失，依照现行法的规定，侵权责任人应当对赵某承担80万元的赔偿责任。经查明：肇事的“Faraday Future”电动汽车归驾驶人钱某所有，过去两年主要用于在“点点出行”的约车运营获取主要收入来源；钱某的全部约车业务均由“点点出行”派单，钱某不能抢单；每一单所生的运费，“点点出行”按约取得20%，剩余80%归钱某所有。</td></tr>
<tr><td>问题</td><td colspan="2">对赵某于2021年4月1日因网约车事故受伤应当获得的80万元赔偿，应当由谁承担赔偿责任？为什么？</td></tr>
<tr><td rowspan="2">观点展示</td><td colspan="2">对赵某因网约车事故受伤应当获得的80万元赔偿，须根据网约车平台“点点出行”与网约车车主钱某之间因网约车形成的法律关系类型，确定“点点出行”与钱某是否应当以及如何对赵某遭受的损害承担责任。对此有争议，主要有三种观点：</td></tr>
<tr><td>①</td><td>观点（一）：“居间合同说（中介合同说）”，该观点主张，网约车平台“点点出行”仅为车主钱某与乘客赵某之间成立客运合同提供居间服务（中介服务），对乘客赵某因事故遭受的损害，类推适用《民法典》第1193条的规定，应由车主钱某承担赔偿责任，居间人（中介人）“点点出行”对损害的发生无过错，不承担责任。</td></tr>
</table>

续表

<table>
<tr><th colspan="3">6. 网约车发生道路交通事故致人损害的责任</th></tr>
<tr><td rowspan="2">观点展示</td><td>②</td><td>观点（二）：“挂靠说”，网约车平台“点点出行”与车主钱某形成挂靠关系，对乘客赵某因事故遭受的损害，根据《民法典》第 1211 条的规定，应由“点点出行”与车主钱某承担连带赔偿责任。</td></tr>
<tr><td>③</td><td>观点（三）：“雇佣合同说”，该观点主张，车主钱某在“点点出行”累计劳动时间长且以该劳动收入为主要收入来源，并且通过派单方式获得网约车业务，可认定双方成立劳动关系，钱某属于因执行职务致人损害成立侵权，根据《民法典》第 1191 条第 1 款的规定，对乘客赵某因事故遭受的损害，应由用人单位“点点出行”承担无过错替代责任。</td></tr>
</table>

<table>
<tr><th colspan="3">7. 忠诚协议的效力</th></tr>
<tr><td>例子</td><td colspan="2">甲、乙婚后第三年，甲出轨被乙发现。为维系家庭并增加甲的责任感，经乙提议，甲、乙订立书面协议约定：“从今往后，甲不再出轨。若甲再次出轨，即协议离婚，甲赔偿乙 100 万元。”协议订立二年后，甲再次出轨。甲、乙协议离婚后，甲一直拒绝按照协议赔偿乙 100 万元，乙诉请法院判令甲按照协议赔偿 100 万元。</td></tr>
<tr><td>问题</td><td colspan="2">法院应否支持乙的这一诉讼请求？为什么？</td></tr>
<tr><td rowspan="2">观点展示</td><td>①</td><td>观点（一）：法院不应当支持。理由在于：甲、乙的这一协议属于在夫妻感情破裂之前预先订立的离婚协议，有违婚姻伦理，违背善良风俗，根据《民法典》第 153 条第 2 款的规定，该协议无效。</td></tr>
<tr><td>②</td><td>观点（二）：法院应予支持。理由在于：虽然在原则上，夫妻在感情破裂之前预先订立的离婚协议违反善良风俗无效，但忠诚协议属于例外。甲、乙的这一协议属于忠诚协议，有利于夫妻履行忠实义务，符合婚姻伦理，同时，协议内容为对甲违反忠实义务侵害乙配偶权时甲对乙损害赔偿义务的约定，符合法律精神，该协议有效。</td></tr>
</table>

瑞达法考直属分校联系方式

北方分校

办公地址：北京市海淀区西三环北路72号世纪经贸大厦B座27层2700

上课地址：天津市武清区新源道18号奥蓝际德商务酒店（园区免费停车）

1. 客服值班电话：400－1660－360转1转1再转1；王老师：17343174185（同微信） 杨老师：17812032760（同微信）；2. 北京市面授及网课咨询：闫老师：15910626131（同微信） 卜老师：15901252307（同微信）；王老师：17810798753（同微信）；3. 天津市面授及网课咨询：王老师：17810798753（同微信）；4. 河北省面授及网课咨询：卜老师：15901252307（同微信）；5. 辽宁省面授及网课咨询：陈小龙老师：17810632673（同微信）；6. 吉林省面授及网课咨询：陈鸿丰老师：17810712815（同微信）；7. 黑龙江面授及网课咨询：陈鸿丰老师：17810712815（同微信）；8. 内蒙古面授及网课咨询：陈鸿丰老师：17810712815（同微信）；9. 河南省面授及网课咨询：陈小龙老师：17810632673（同微信）；10. 山西省、陕西省咨询：卜老师：15901252307（同微信）；11. 甘肃省、新疆区域咨询：闫老师：15910626131（同微信）；12. 青海省、宁夏区域咨询：杨老师：17812032760（同微信）

南京分校

客服值班电话：4001660360转1转1再转5

江苏、安徽、山东报名咨询：沙老师13812318935；办公地址：南京市鼓楼区新楼花马路66号南邮大厦1714室

上海分校

客服值班电话：4001660360转1转1再转2

1.（市区报名）上海市静安区汉中路158号汉中广场902室；地铁1号线、12号线、13号线汉中路站下。电话：021－52902865、021－52902869、18516307172（微信同号）陈老师、13738188215（微信同号）；2.（大学城报名）上海市松江区三新北路1800弄8号楼3002室（松江大学城六期）；上海海事大学、江西省报名咨询：13052397071（微信同号）余老师；3. 上海政法学院、上海商学院、华东理工、上师大、厦门报名咨询：13052393272（微信同号）陈老师；4. 上大、贤达、金融、衫达、海关、漳州、泉州咨询：13395718787（微信同号）李老师

杭州分校

客服值班电话：4001660360转1转1转4

1. 杭州分校报名咨询：0571－87756276、13738188215（微信同号）；地址：杭州市西湖区文二路195号（靠近教工路）耀江文欣大厦1503室；2. 浙大宁波理工、温州、嘉兴地区：梅老师13738188215（微信同号）；3. 下沙地区、杭州商学院、现科、浙大城院：梅老师13738188215（微信同号）；4. 万里学院、宁波科技学院、浙江工业大学、杭州师范大学：梅老师13738188215（微信同号）；5. 绍兴地区、金华地区、农林大学、警官学院、东方财经、科艺学院：谢老师15168367817（微信同号）

广州分校

客服值班电话：4001660360转1转1再转3

广州地址：广州市天河区广州大道北613号城光大厦700A－B

咨询热线：020－62875806　手机：17688466828

乘车路线：地铁天号线平架A出口（南洋长胜酒店方向）；公交：兴华路口站

1. 广技师、五邑大学、新华学院（林老师）：16624710323；2. 广外、广大、广警、北理、北师（李老师）：18124065249；3. 广海、岭师、广油、华农、中山电子（林华老师）：13922309460；4. 广应科、培正、华师（柳老师）：13602889765；5. 韶关学院、广东工业大学、广东财经大学、广州商学院、嘉应学院、惠州学院、肇庆学院、东莞理工学院城市学院（张老师）：18620087770

深圳分校

客服值班电话：4001660360转1转1再转6

深圳地址：深圳市福田区深南中路2016号兴华大厦B座829

咨询热线：0755－23964781，手机：13316856786

乘车路线：地铁科学馆站B口出前行150米

深圳大学、海南三亚学院、海南大学咨询：13311520165（王老师）

法考 主观题加密课程获课流程

PC获课流程

① 通过浏览器输入瑞达法考的网址进行搜索，进入瑞达法考官网首页。

https://www.ruidaedu.com

② 进入首页后，点击导航上的“主观题”进入加密课程专题页面。

首页　免费课堂　配套教材　瑞达讲师　…………　学习部落　主观题　机考模拟

③ 进入主观题专题页后点击 “加密课程”进行登录。

（提示：若无官网账号，请先进行注册再登录）

④ 登录后需要刮开获课码，输入20位获课码将加密课程与账号绑定，完成后即可学习加密课程。

（提示：课程上传后才会生效，若已有获取的课程，则直接进入加密课程页面进行学习）

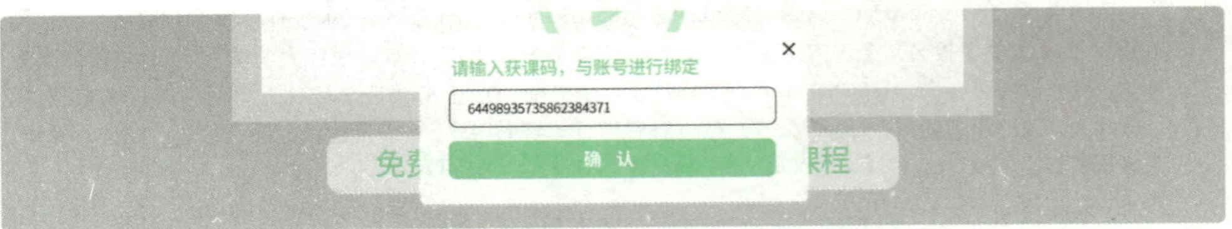

APP获课流程

扫码下载“瑞达法考”APP。

（如手机应用商店无法检索，请联系客服获取下载途径）

扫码下载APP

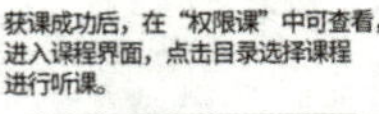

点击“学习”进入学习模块

点击“+”进入课程获取界面

点击“图书产品”输入20位获课码，点击“→”课程获取成功后会跳转到学习界面

获课成功后，在“权限课”中可查看，进入课程界面，点击目录选择课程进行听课。